トヨタ式「すぐやる人」になれる8つのすごい!仕事術

Teruya Kuwabara
桑原晃弥

笠倉出版社

【はじめに】

一見、ムダに見えることこそ、やってみる、すぐやってみる

トヨタ式に、

「1人の100歩より100人が1歩ずつ」

という言葉がある。

たとえば、スティーブ・ジョブズのようなスーパースターなら、1人で100歩も200歩も進むかもしれないが、普通の人は1歩、2歩、3歩と着実に前に向かって歩むほかない。

しかし、**そんな普通な人たちが日々知恵を出し合い、1歩、2歩、3歩と前に進むうちに、ある日チームとしてすごいところに辿り着いているというのがトヨタの考え方だ。**

トヨタ式には、「普通の人」が「正しい努力」をすれば、少しずつでも「すぐやる人」「できる人」に変わっていくノウハウがいっぱい詰まっている。

ところが、ここで重要なのは、「正しい努力」という点だ。

スポーツでもビジネスでも、成果を上げていくためには努力が欠かせない。

しかし、人間だから、時には努力の仕方や方向を間違えてしまうことだってある。

そんな時、つい「あんなに努力したのに」とか、「努力しても報われるとは限らない」と思ってしまいがちだが、ちょっと待ってほしい。

そう思う前に、「その努力は正しかったのか？」を、自らに問いかけてもらいたいのだ。

毎日、夜遅くまで残業をしてがんばったし、休日出勤も厭《いと》わずがんばった。

なのに、結果は出なかった。

その「努力」は大変なものだったと思う。

しかし、よくよく考えたら、もっと上手なやり方があったかもしれないし、もっと研究すべき点があったかもしれない。

つまり、**努力の方向性を間違えて、ただひたすらにがんばっても成果は出ないのだ。**

ただがむしゃらにがんばる努力ではなく、知恵を使い、工夫をこらした努力であることが欠かせないのだ。

トヨタ式に、「ムダどり」という考え方がある。

職場や仕事に潜む「ムダ」を、働くみんなで見つけて改善していこうというものだが、「ムダどり」を徹底するだけで、正しい努力の方向性が見えてくる。

とはいえ、人は最初からそんなムダを省いた仕事ばかりできるわけではないし、効率の良い仕事ばかりできるわけでもない。

なかには圧倒的な才能によって、すごい成果を上げる人がいるかもしれないが、私たちのほとんどはごく普通の才能のもち主だ。

大切なのは、そんな普通の人が、どれだけ非凡な成果を上げることができるかだ。

逆説的な言い方になるが、そこで必要なのは、**一見、ムダに見えるようなことでも、まずやってみることだ。それもすぐやってみることだ。**

やってみれば何がムダで、何がムダでないか、どうすればムダがなくなるか、もっと良くなるか、がわかってくる。

そしてその繰り返しこそが、仕事のスピードを上げ、質を上げ、成果を上げることにつながる。

そのうちに、正しい努力の仕方が身につき、最小の努力で最大の成果が上げられるようになってくるのだ。

繰り返すが、**何より大切なのは、「すぐにやる」「まずやってみる」を習慣にすることだ。**

世の中には、やる前から「こんなのやってもムダでしょう」と言う人がいるが、トヨタ式の基本は**「まずやってみて、問題があれば改善をする」ということだ。**

そこで、みなさんにも本書を読み、「なるほど」と思ったことがあったら、すぐに実行してみてほしい。

「なるほど」は、実行を通して「納得」に変わり、成長への糧となってくれる。

本書のなかでみなさまのお役に立つことが少しでもあれば、これに勝る幸せはない。

本書の執筆と出版には、笠倉出版社の三上充彦氏と新居美由紀氏、そして企画編集のOCHI企画・越智秀樹・美保氏にご尽力いただきました。

心より感謝申し上げます。

桑原晃弥

トヨタ式「すぐやる人」になれる8つのすごい！仕事術［目次］

第5章 トヨタ式 すぐやる人になれる「A3一枚」の資料整理術 115

第6章 トヨタ式 すぐやる人になれる「PDCA＋F」 139

第7章　トヨタ式 すぐやる人になれる「チーム力」

第8章　トヨタ式 すぐやる人になれる「成長力」

本書の執筆にあたっては下記の書籍や雑誌を参考にさせていただきました。厚くお礼申し上げます。

また、多くの新聞やウェブサイトも参照させていただきましたが、煩瑣を避けて割愛させていただきます。

◎参考文献
『トヨタ生産方式』大野耐一著　ダイヤモンド社
『大野耐一の現場経営』大野耐一著　日本能率協会マネジメントセンター
『トヨタ式人づくりモノづくり』若松義人、近藤哲夫著　ダイヤモンド社
『「トヨタ式」究極の実践』若松義人著　ダイヤモンド社
『使える！トヨタ式』若松義人著、ＰＨＰ研究所
『ザ・トヨタウェイ』ジェフリー・Ｋ・ライカー著　稲垣公夫訳　日経ＢＰ社
『誰も知らないトヨタ』片山修著　幻冬舎
『トヨタの方式』片山修著　小学館文庫
『常に時流に先んずべし』ＰＨＰ研究所編　ＰＨＰ研究所
『豊田英二語録』豊田英二研究会編　小学館文庫
『トヨタ経営システムの研究』日野三十四著　ダイヤモンド社
『トヨタ式仕事の教科書』プレジデント編集部編　プレジデント社
『トヨタシステムの原点』下川浩一、藤本隆宏編著　文眞堂
『トヨタ新現場主義経営』朝日新聞社著　朝日新聞出版
『トヨタ生産方式を創った男』野口恒著　ＣＣＣメディアハウス
『トヨタの世界』中日新聞社経済部編著　中日新聞社
『人間発見私の経営哲学』日本経済新聞社編　日経ビジネス人文庫
『ザ・ハウス・オブ・トヨタ』佐藤正明著、文芸春秋
『トヨタはどうやってレクサスを創ったのか』高木晴夫著、ダイヤモンド社
『レクサストヨタの挑戦』長谷川洋三著、日本経済新聞社
『自分の城は自分で守れ』石田退三著、講談社
『物事は単純に考えよう』池森賢二著、ＰＨＰ研究所
『１分間松下幸之助』小田全宏著、ＳＢクリエイティブ
『加賀屋の流儀』細井勝著、ＰＨＰ研究所
「工場管理」１９９０年8月号
『週刊東洋経済』２００６年1月２１日号、２０１６年4月9日号、２０１８年3月１０日号、２０１８年１１月１０日号、２０１９年3月１６日号『週刊ダイヤモンド』２００２年１２月7日号『日経ビジネス』２０００年9月１８日号、２００８年1月7日号「日経ビジネス　アソシエ」２００４年１１月１６日号

これら参考文献以上に、私にトヨタ式の素晴らしさ、人間の知恵の凄さを教えて下さった故若松義人氏に感謝の念を捧げます。

第1章

トヨタ式 すぐやる人になれる「スピード仕事術」

第1話

アイデアは、議論するよりもまず「やってみる」

スピードと成果を同時に手に入れたければ、とりあえず形にせよ

たとえばあなたが、業務改善に関する素晴らしいアイデアを思いついたとしよう。「これを実行すれば必ず大きな効果が期待できる」と考え、それを周りのみんなに話したとする。しかしみんながみんな、あなたのアイデアを「すごいアイデアだね」と賛成してくれるわけではない。なかには「そんなのできるわけがない」と反対する人もいる。

そんな時、議論に時間をかけるのではなく、**実際に「やってみる」「つくってみる」という積極性が大切になる。**

トヨタマンAさんは、ある車の開発を進めている時に画期的なエンジンのアイデアを思いついた。

そのエンジンができれば、走りと静かさを両立できるはずだが、あまりの難しさに、他の部署から反対の声があがってきた。

「このままでは頓挫《とんざ》する」と考えたAさんは、「1台だけでいいのでつくってみてくれませんか」と言った。量産は無理でも、1台だけ

まず「やってみる」「つくってみる」

ならつくることはできる。開発陣がAさんの指示通りのエンジンをつくって、車に載せたところ、素晴らしい数字が出てきた。

その途端、みんなが「このエンジンをつくろう」となり、プロジェクトは一気に進んだ。トヨタを代表する車「レクサス」が誕生した瞬間だった。

アイデアを人に伝えるのは難しい。

「できるか、できないか」「やるか、やらないか」をいくら議論したところで、簡単に結論は出ない。

それよりもまず、**形にしてみることだ。**

そうすれば誰もが一発で判断できるし、「どこがいいか」「どうすればいいか」も見えてくる。「アイデアがあったらまずつくってみる」は、人を動かす最善の策の1つなのだ。

第2話

トヨタ式 仕事時間を60分の1に短縮する方法

時間に目を向けるのではなく、動き方や仕事の中身を改善する

仕事のスピードを劇的に上げるには、どうすればいいのだろうか?

「残業はするな」「効率の良い仕事の仕方を考えろ」だけでスピードが上がるなら、これほど簡単なことはない。

しかし、仕事においてそんな奇跡は起こらない。

では、どうすればいいのだろうか?

トヨタ式に、こんな言葉がある。

「時間は動作の影である」

速さを追求する時、どうしても時間ばかり気にしがちだが、**時間を構成している動きや仕事の中身を改善すれば時間は自然に短縮される、という考え方だ。**

かつてトヨタの工場では、プレスの段取り替えに3時間かかっていた。

それを現場の人は、さまざまな改善を行うことで1時間くらいに短縮した。しかし、トヨタ生産方式の生みの親、大野耐一氏は、さらに「3分にならないか」と言い出した。

仕事の中身を書き出してみよう

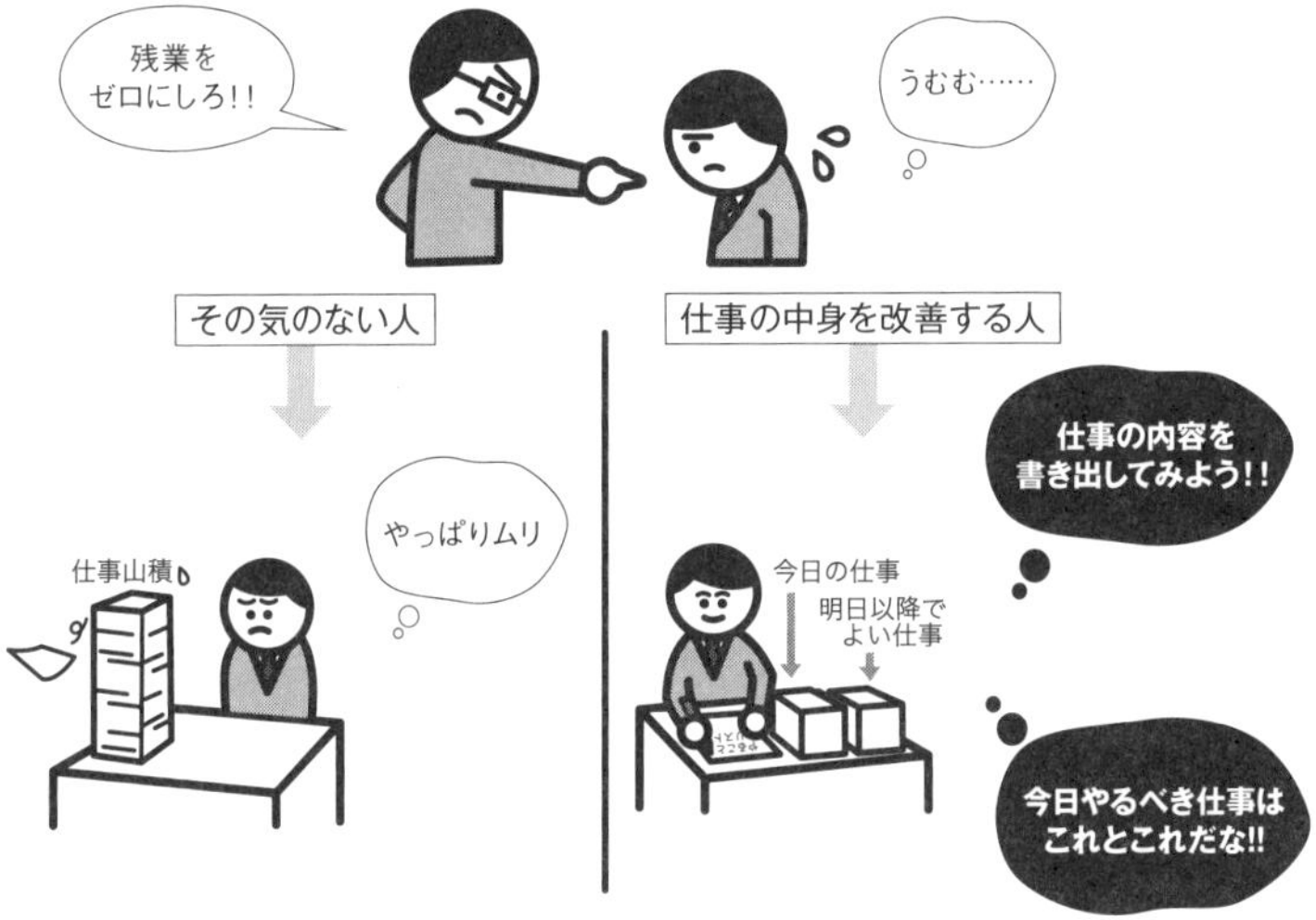

この時、現場のリーダーが口にしたのが、「時間は動作の影」だ。

段取り替えには機械を止めて行う「内段取り」と、機械の稼働中でもできる「外段取り」がある。

そこで、時間を食う内段取りを徹底して外段取りに転換したうえで、100項目を超える作業改善を行い、さらにワンタッチ段取りなどを考案することで「3分」を実現した。

残業を減らし、仕事のスピードを上げたいなら、**「がんばる」前に仕事の中身ややり方を徹底して改善することだ。**

そうすれば自ずと仕事の質は向上し、スピードも上がる。

第3話

仕事のスピードを上げたいなら「今日のことは今日片づける」を習慣にする

問題の先送りをやめれば、スピードは劇的に改善する

最近は「働き方改革」の影響もあり、できるだけ残業をしないように、というのが一般的な考え方だ。

しかし、今の自分に「これはどうしても成し遂げたい」「これを何とか実現したい」というものがあるならば、やはり**「明日やろう」ではなく、「今日のことは今日片づける」という姿勢が望ましい。**

社員数100名ほどの企業のトップAさんは、自社の生き残りをかけて大量生産方式からトヨタ式の確定受注生産へ変更を試みたことがある。

しかし、慣れたやり方を変えていくのはどこでも大変だ。働いている人の抵抗もあれば、経験したことのない問題も起きてくる。

そこで、Aさんは自らが先頭に立って改善に取り組むことと、**「今日のことは今日片づける」を自らに課すことにした。**たとえば、朝から作業をして、「これがやりにくい」「この道具は使いにくい」といった不満があれば

「明日やろう」はバカやろう

「その日のうち」に改善するようにした。

今日のことを今日片づけるのは確かに大変だが、問題を先送りせず、すぐに改善すれば、次の日には新しい試みに挑戦することができる。

Aさんのこうしたがんばりがあって、同社ではトヨタ式ものづくりが定着して残業が減っただけでなく、その後同業他社が苦しむなか、順調に成長を続けることができたという。

「何かをやりたい」とか、「何かを変えたい」と決意したら、「明日やろう」「来週やろう」などと先延ばしをしないことだ。

そうすれば結果もすぐに出るから、「次」のステップに進みやすくなる。

仕事のスピードを上げたいなら、「今日のことは今日片づける」を習慣にすることだ。

第4話

いきなり大きな改善に取り組むな。小さな改善を積み重ねよ

人は、慣れたやり方を変えるのを嫌がる生き物

仕事をしていると、「ここをこう変えたい」「うちのやり方は遅れている。もっと大胆に変えよう」などの改善アイデアが浮かぶことがある。

しかし、それをすぐに実行に移すのは容易ではない。**多くの人にとって、慣れたやり方は居心地のいいものであり、「変える」のはとても難しいことだからだ。**

あるメーカーがトヨタ式の生産改革に乗り出した。ところが、改善推進チームが「こんな改善をしたい」と提案しても、現場の責任者たちから反対されることが多かった。

これでは改善は進まない。そこで改善推進チームは「すぐやるチーム」を立ち上げることにした。すぐやるチームが行うのは、大がかりな改善ではない。

今使っている道具がちょっと使いにくいとか、必要な書類がすぐ見つからないといった誰もが直面している些細《ささい》な「困りごと」に対応することだった。

小さな改善が大きな改革につながる

これならお金もかからないし、手間もかからない。改善推進チームはこうした小さな困りごとに対応することで、「小さな改善」を続けていった。すると、周りの人たちから「お陰で良くなった」「仕事が楽になった」という声があがるようになった。

改善推進チームは、このチャンスを逃さなかった。この機会に今より少し大きな改善について現場の人に持ちかけてみると、「やってみるか」と賛成してくれるようになった。そして小さな改善から中くらいの改善、大きな改善へと改善の輪が広がることになった。

いきなり大きな改善をやろうとしても、そうそうできるものではない。**まずは小さな改善を積み上げていくことだ。そうすればやがて大きな改革もやれるようになる。**

第5話

やり直し、手直しほど時間をロスするものはない

「報連相」の徹底こそが「やり直しのムダ」を防ぐ

ムダにはいくつものムダがあるが、案外見過ごされがちなのが、**「やり直しのムダ」だ。**

ものづくりにおいては、せっかく時間をかけてつくったにもかかわらず、検査で不合格になり、手直しをするということがどうしてもある。

ただ、もし最初から合格品をつくることができれば手直しの必要はなくなり、大きな時間短縮になる。

実は手直し、やり直しは、モノづくり以外でもしょっちゅう起きていることだ。

たとえば上司から、「こういう書類をつくって」と言われて作成したところ、「このフォーマットじゃないよ」と言われてつくり直した場合。

上司の指示が甘かったことが原因かもしれないし、部下の「力不足」という側面があったかもしれない。

いずれにしても、上司がきちんと部下に連絡していたり、部下が指示の内容を確認して

いれば、やり直しや手直しといった時間ロスは防げたはずだ。

こうした行き違いを防ぐために、**上司も部下も心がけたいのが「報連相」による「確認と修正の習慣化」だ。**

「報連相」とは「報告」「連絡」「相談」のことで、トヨタ式でいうところの「進捗状況の見える化」である。

「右か左か」といった「Y字路」において上司への「報連相」がその後の行き違いを防ぐポイントになる。

スピードを重視しようとすると「報連相」はまどろっこしいかもしれないが、手直しややり直しを防ぐうえでとても重要になる。

ぜひ徹底してもらいたい。

第6話

準備をしっかりしないまま「とにかく速くやる」は本末転倒

絶対の準備をしたら一気呵成に進めよ

「スピード仕事術」というと、「とにかく速くやることだ」と勘違いする人がいるが、大切なのは、**「どこに時間をかければ、最終的に素早く成果を出せるのか」をしっかりと見極めることだ。**

1980年に、米国カリフォルニア大学バークレー校を卒業して帰国した孫正義氏（ソフトバンク創業者）は、ソフトバンクの前身となるユニソン・ワールドを福岡で設立、何の商売を始めるかについて40に及ぶ事業アイデアについて資料を集め、綿密に調査している。

この時から「いずれ数兆円規模の会社にしてみせる」と考えていた孫氏は、さまざまな調査に基づいて、本格的な卸のない日本でパソコンソフトの卸ビジネスを開始、81年10月のエレクトロニクスショーで大勝負をかけ、「日本一のソフト販売店」への足掛かりを築いている。

孫氏はスピードへの執着では世界トップレ

スピードにこだわるからこそ事前準備が大切

ベルだが、かといって準備不足で慌てて事業を始めてはいない。絶対の自信をもって絶対の準備をするために時間をかけている。

だからこそ順調に滑り出し、その後の成功は加速度的だった。

同様にトヨタにも、「沈鬱《ちんうつ》遅鈍《ちどん》」という考え方がある。

何かを始めるにあたって、**合意の形成や問題点の検討などにかなりの時間をかけ、「これでいこう」となったら、一気《いっき》呵成《かせい》に進むのだ。**

スピーディーな仕事は、単に「急ぐ」だけでできるわけではない。

急ぐためには「事前準備」をしっかりと行うことが大切なのだ。

第7話

結果を出すことで反対者は賛同者に変わる

「百聞は一見に如かず、百見は一行に如かず、百行は一果に如かず」

トヨタ式の仕事の進め方を、ひと言で表せばこうなる。

「百聞は一見に如かず、百見は一行（行動）に如かず、百行は一果（成果）に如かず」

「百聞は一見に如かず」は諺《ことわざ》にある通り、人の話を百回聞くよりも、一度でも自分で見たほうがはるかによく理解できるという意味だ。

まず「聞くと見るとは大違い」は誰もが経験していることだ。

しかし、**「聞いて納得する」**のではなく、**「見て納得する」のがトヨタ式だ。**

さらにトヨタには、その先がある。

「百見は一行に如かず」だが、あれこれ議論したり、話をすること以上に「まずやってみよう」ということである。

さらに、「百行は一果（成果）に如かず」は、「成果」を出せばもっとよくわかるし、みんなが納得をする、ということだ。

要約すると、**百回聞くよりも、百回見るよ**

つべこべ言わず結果を出す

りも一度の行動のほうがはるかに理解しやすいし、正しい判断ができる。

そのうえきちんと成果を出せば、それまで反対していた人たちも、みんな賛同することになるからスピードも上がる、ということだ。

これが、「トヨタ式スピード仕事術」の基本である。

議論を好み、言い訳ばかりをする人に対しては、「現場は見たのか？」と問いかけ、「議論はいいからまずやってみせてくれ」と言う。

さらにつべこべ言う人には、「結果を出せ」と言って、「考えるだけの人」「言うだけの人」から「行動し結果を出す人」になってもらう。

そうすれば、仕事のスピードも必然的にアップすることになる。

第8話

時短を実現するには、「日」を「時間」に変え、「時間」を「分」に変えてみよう

時間の「単位」を変えれば、仕事時間はまだまだ短縮できる

ある中小企業の経営者が、知り合いのトヨタ社員にこう言って胸を張った。

「これまでリードタイム（すべての工程が完成するまでの所要時間）は、7日かかっていました。しかし、改善を重ねることで3日に短縮できました」

しかし、それを聞いたトヨタ社員は、その成果を認めたうえでこうつけ加えた。

「7日を3日というのは素晴らしいですね。じゃあ、次は3日を72時間と考えて1時間、2時間とリードタイムを短縮してはいかがですか」

その言葉を聞いた経営者は最初、「えっ、もっと短くしろと言うのか」と思ったものの、「1時間、2時間と」と言われて「たしかにそれならまだまだできる」と気づき、「よし、もっとがんばろう」と決意を新たにしたという。

リードタイムを「日」という単位だけで考えていると、「もう十分にやった、もうこれ

「時単」を変えれば「時短」になる

でいい」となりがちだ。

しかし、「時間」単位で考えれば、1時間とか2時間、あるいは10分、20分と縮めていくことで、いつかは2日だって可能になるかもしれない。

このように、**「日」を「時間」に変え、さらに「時間」を「分」に変えてみれば「改善の余地」はいくらでもあるはずだ。**

アマゾンがあるサービスを導入しようとした時、その場にいた誰もが「何日もかかるし、そんなのはばかばかしい」と思ったが、創業者のジェフ・ベゾスはこう言い切った。

「48時間あればできるはずだ。私はそうしたいんだ。実行しよう」

スピード仕事術のためには、時間の単位として何を使うかが重要になる。

第9話

「これでいこう」と決めてから「あと5分」考え抜く粘りをもつ

最初に粘る、最後にまた粘る

トヨタ式が重視しているものの1つが、「沈鬱遅鈍」（P22参照）である。トヨタでは、やってみる精神を重んじてはいるが、それは「とにかく先を急げ」ということではない。

はやる気持ちを抑えて、しっかり準備を行ってからスタートしろということだ。

いわば、**「最初の粘り」である。そして、トヨタが最初の粘りと同じくらい重視しているのが、「最後の粘り」である。**

スポーツでも駅伝などは最後の最後、それぞれのランナーが「あと1秒」がんばるかどうかで順位が左右される。

ビジネスにおいても、**「これでいこう」と決めてから「あと5分」粘り強く考え抜くことができるかどうかが、アイデアの質を決める。**

かつて「カローラ」の主査を務めたAさんの仕事の決め手は、**ものごとの初期段階で問題点をきちんと解決することと、仕上げ段階での「あと少し」の粘りにあった。**

微差が大差を生む

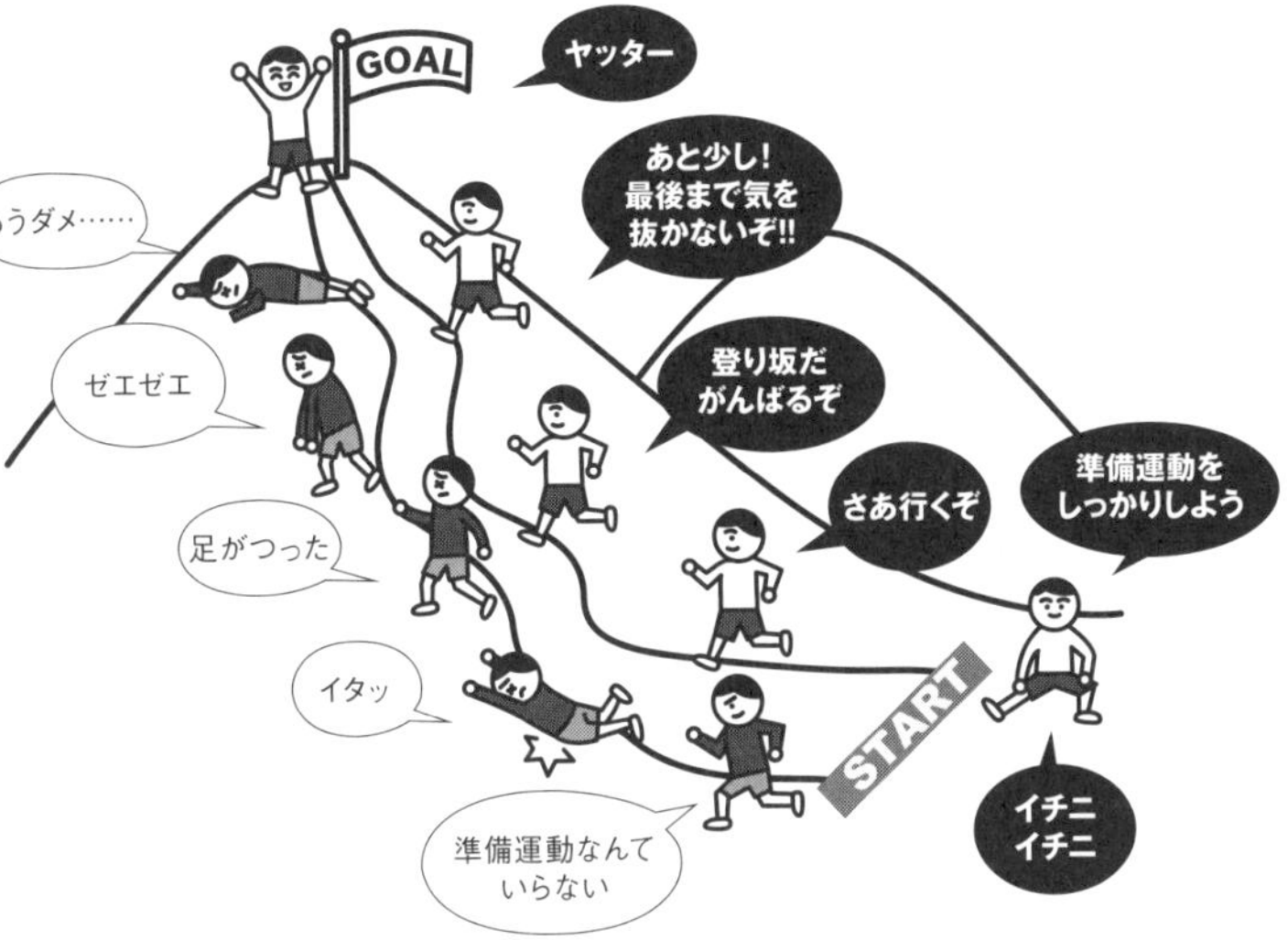

たとえば、設計を終え、生産準備に入ってから、どうしても気になる点が出てきたとする。

普通は、「今さら直すと迷惑がかかるから」と妥協するが、ここで妥協をしてしまうとあとあと悔いを残すし、その悔いを引きずることにもなる。

本当にいい車をつくりたいなら、たとえ周りに迷惑がかかっても設計変更を申し出る勇気が必要だ、というのがAさんの考え方だ。

仕事をするうえで、スピードは大いなる武器になる。

ただし、本物の成果を上げるためにはしっかりとした準備と、最後まで妥協しない仕上げが欠かせないのである。

第10話

平均値をとるな。最も速いやり方が、一番楽なやり方

時間がかかるのは、何かが間違っている証拠

トヨタ式改善の神様と呼ばれたトヨタ自動車工業元副社長の大野耐一氏（Ｐ３８参照）は、よく「平均値に頼るのは間違っている」と話していた。

たとえば、標準時間を決めようという場合、多くの人は、何人かの人が同じ作業をやってその時間を測り、平均値を採用する。あるいは、１人の人が同じ作業を１０回やって、その平均値を出す。

しかし、大野氏はこう言い切った。

「標準時間は何回も測るんだったら、一番短いのをとりなさい」

同じ作業であっても、人によってかかる時間は違うし、同じ人がやっても多少の違いは出る。

しかし大野氏によると、**時間がかかるのは何か間違っていることをしているからであり、実は一番短い時間こそが一番楽なやり方である、というのだ。**

それを標準時間に採用したうえで、その時

最速は「最楽」である

間でできない人については、「なぜできないのか？」を調べ、少しずつ改善していけば全員が一番短い時間でできるようになる、という。

もちろん、平均値が無用というわけではない。

しかし、ビジネスでは、ともすれば安易に平均値でものを見過ぎるきらいがある。

大事なのは、**１つひとつの作業について数字を厳しく見ることだ。**

仕事のスピードを高めるためには、最も速いやり方を目標にすればいい。

そして、「なぜその時間でできないのか」を考えて改善していくことで、誰もが速くできるようになる。

第11話

スピードを優先し過ぎて、質や安全をないがしろにしてはいけない

スピードは、良いものを安全につくってこそ意味をもつ

トヨタ式の基本は、「より良く、より速く、より安く」という言い方が示しているように、「良いものをつくること」が大前提となっている。

かつて、あるトヨタの協力会社が、作業をするうえでのペースメーカーにしようとブザーをつけたことがある。

ところが、工場を視察に訪れた大野耐一氏は、ブザーの音を聞くやいなや、「こんなブザーをつけたら、作業をしている人間が追われているような気がするじゃないか」とすぐ中止するように言ったという。

スピードを優先し過ぎるあまり、作業をしている人たちを追い立てるようなことをするとミスをしたり、けがの原因になってしまうと言うのだ。

ペースメーカーが必要なら、作業をしている人たちの意見も聞いて、もっと楽しいメロディーにしたほうがいいというのが大野氏の意見だった。

スピードだけを優先するのは危険信号

大野氏は言う。

「どんどん数をつくることが合理化だと思っている人がいるが、合理化の基本は良いものをつくることである」

まずは**「良いものをしっかりつくる」ことを第一に改善を行い、そこから速さを求めていく。**

それができるようになれば、あとは改善によって時間を短縮することができる。

スピードは、「良いもの」をつくってこそ意味をもつのだ。

第12話

「できない言い訳」を考えている頭で、「できること」をやれ

難しい課題こそ、「やる」と決めてしまう

何か難しい課題を前にした時、「これは難しそうだなあ」「自分にはできそうもないな」と感じると、途端に「できない言い訳」を始める人がいる。

どんなに上手に「できない言い訳」をしたところで、目の前の課題が解決するわけではない。結局は、誰かが「やる」ことになる。

だったら、**「できない言い訳」など考えずに、「やる」と決めてしまえばいい。**

「マネジメントの父」として知られる経営学者・ドラッカーにこんな言葉がある。

「させてもらえない不満を言う代わりに、してよいことを次々と行う」

また、トヨタ式の行動指針の1つに、**「できない言い訳をする頭でどうすればできるかを考えよ」**がある。

ある人が生産子会社の工場長に就任、さまざまな改革案を親会社に提出したが、赤字を理由にことごとく「ノー」を突きつけられた。

普通はここで諦めて、「どうせ親会社はわ

言い訳は時間のムダ

かってくれない」と愚痴をこぼすところだが、彼は、「お金がないなら知恵を使えばいい」と作業改善のような、お金のかからない改善を徹底した。

お陰で赤字工場は1年で黒字となり、以後は思い通りの改善ができるようになった。

誰もが、なんらかの制約のなかにいる。

それでも成果を上げる人は、**「できないこと」を探すのではなく、「何ができるか」を見つけて「次から次へと素早く」やっている。**

スピードを上げ、成果を上げたいなら、「できること」を次から次へとやるだけでいい。

第13話

細切れ時間を有効活用できる人は、仕事が速い

自分の時間や部下の時間は「命」と考え、ムダにしてはいけない

日常のなかには、たくさんの細切れ時間がある。

たとえば、移動のための車の中や電車の中などは、それなりに時間があるのに、その間は落ち着いた仕事はできないということがある。

こうした時間をどのように活用するかも仕事のスピードを上げ、質を高めるうえで大切な視点である。

アメリカの「自己啓発の大家」デール・カーネギーは、「無計画に時間を費やしていては何事も達成できない」として、限られた時間を有効活用するための4つのルールを提案している。

1、**仕事の計画をつくる。毎時間にやるべきことを表にして、1日を始めてみる。できれば15分ごとに区切ってやってみる。**

2、**困難な目標を設定して、現在の2倍の成果を上げられるよう自ら負荷を課してみる。**

3、**表をつくって、現在1時間ごとにどのよ**

「時間＝命」と思えば時間を有効活用できる

うなことをしているかを発見する。

4、細切れの時間を、たとえ1分なりとも有効に活用する。

トヨタ式に「時は命なり」という考え方がある。

自分の時間や部下の時間を「命」と思い、その時間を決してムダにしてはいけないという考え方だ。

「自分は仕事が遅いなあ」と感じている人は、1日のなかにたくさんできる「細切れ時間」を大切に思い、「今できること」をやってみるといい。

「暇だなあ」とスマホを開くのではなく、ちょっとした仕事をこなし、本や雑誌に目を通す。1日を振り返れば、それだけでもかなりの時間を「活かした」ことになる。

失敗は目で確かめろ

トヨタ自動車工業元副社長

大野《おおの》 耐一《たいいち》

(1912～1990)

大野耐一は、トヨタ自動車の前身である豊田紡織を経て、1943年からトヨタ自動車において生産管理技術の普及と定着に尽力した。その卓越した手腕と実績によって「トヨタ生産方式の考案者」としても知られる。大野氏の弟子は、のちに第９代社長となる張富士夫氏など数多くいる。

トヨタ式で最も大切なのは、「現場の知恵」であり、何か思いついたり問題があれば現場に行き、現場を見て考えるというのが大野氏の基本スタンスだった。管理職のなかには、部下からの報告を聞いただけで「そうか、わかった」と言う人もいるが、大野氏は「耳で聞いただけで納得するのではなく、成功も失敗も目で確かめる」という点で徹底した現場主義だった。

たとえば、あるアイデアについて部下が「それは前にやったけれども失敗しました」と言えば、「俺の目の前でもう一度失敗をやって見せてくれ」と言って確認をする。

あるいは、２つの異なるアイデアがあれば、「２つともやってみればいい。それを忘れてどっちがいいか議論をするのは時間のムダであり、２つともやってみてどちらがいいかを目で判断すればいい」という考え方をもっていた。そして改善などを躊躇《ためら》う部下には「お前が何かやってもこれ以上悪くなることはない、だから思い切ってやってみろ」と、常に「実行」を促す人だった。

第2章

トヨタ式
すぐやる人になれる「片づけ」

第14話

いらないものを処分するのが整理、すぐに取り出せるのが整頓

「あれ出して」で、すぐにものが出てくる状態にする

仕事のなかに占める「ものを探す」時間は意外なほど多く、ほとんどの人にとってものを探すことは、仕事の一部と化している。

しかし、ものを探すことは仕事ではなく、時間を浪費するだけのただのムダだ。

それを改善するために行うのが「5S」(整理・整頓・清掃・清潔・躾)であり、なかでも**整理と整頓の徹底がすべての始まりとなる。**

では、「整理」と「整頓」とは何が違うのかだが、それについては大野耐一氏の有名な言葉がある。

「いらないものを処分することが整理であり、ほしいものをいつでも取り出せることを整頓という。ただきちんと並べるだけなのは整列であって、現場の管理は整理整頓でなければならない」

つまり、トヨタ式で肝心なのは、**「あれを出して」と言うと、入ったばかりの新人でも何がどこに何個あるかがわかり、すぐに取り

「整理」と「整頓」はこう違う

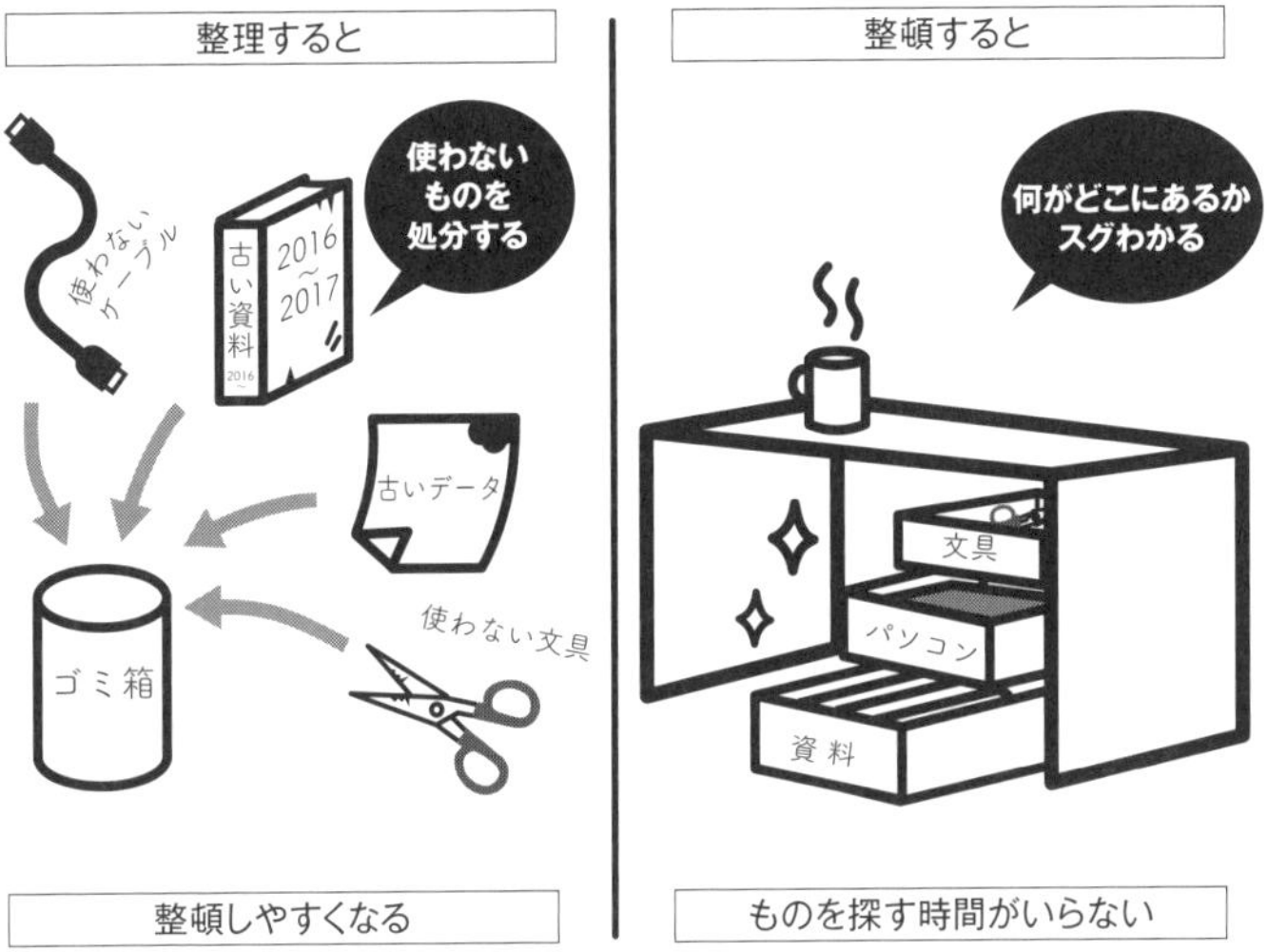

出せるかどうかなのだ。

ビジネスマンのなかには、「整理と整頓なんて仕事ができるかどうかと関係ない」とうそぶく人もいるが、「工場や倉庫の整理整頓具合を見れば、その企業のつくる力がわかる」というのも事実である。

仕事のスピードを上げ、能率を上げたいなら、まずは整理と整頓から始めよう。

それだけで、その後の仕事の進み方はグンとラクになる。

第15話

トヨタの工場には、「ものを探している人はいない」

「ものを探すのも仕事のうち」と思っていないか？

あるデータによると、アメリカの平均的なビジネスマンは、年間の総労働時間のうち約1ヶ月をものを探すことに費やしているといわれている。

生産性にシビアなアメリカ人でもそうなのに、日本人は一体どれほどの時間を探しものに費やしているのだろうか？

日本人にこれほどものを探す時間が多い理由の1つは、心のどこかで「ものを探すのも仕事のうち」と考えているからではないだろうか。

「ものを探すのも仕事」と考えていては、ものを探すことは「大変なムダなんだ」という厳しい目で見るのは難しい。

トヨタ式生産改革を検討中の企業のトップAさんが、トヨタの工場を見学に訪れた時の話だ。自社のやり方と比べてAさんが最も驚いたのは、**「トヨタの工場にはものを探している人がいない」ことだった。**

生産に必要な部品や部材は時間になれば、

ものを探す時間が一番のムダ

ものを探すのが習慣になっている人
あの資料
どこだっけ？
整理整頓が習慣になっている人
スッキリ

ものを探す時間は仕事ではない

必要なだけ生産ラインに届けられ、誰も「あれがない、これがない」と探していなかった。

一方、Aさんの工場の朝は、ものを探すことから始まっていた。倉庫には部品や部材が山と積まれ、何がどこに何個あるかはベテランの担当者にしかわからなかった。

そこで、Aさんの改革は「ものを探す」ことを「ムダ」として、倉庫などを徹底して整理整頓することから始まった。

そして数ヶ月後、どこに何が何個あるかが、新入社員でもわかるようになり、トヨタ式の改革は一気に進むこととなった。

あなたは「ものを探す」ことにどれだけの時間を費やしているだろうか？

まずは**「ものを探すことは仕事ではない」と決意することからすべてが始まる。**

第16話

機械は「壊れる」のではなく、人が「壊している」

機械も人の体と同じ。「治療」より「予防」を！

ムダの最たるものは、もののつくり過ぎだが、つくりすぎる理由の1つには、「機械が故障して生産できなくなったら困る」という不安がある。

いざという時に困らないように予《あらかじ》め多めにつくっておこう、ということだ。

しかし、それではムダが生まれるため、トヨタが組み込んだのが、**「予防保全」という考え方である。**

機械の故障が怖いのなら、故障を未然に防ぐ仕組みを考えればいい、というわけだ。

予防保全には、

①劣化を防ぐ日常点検

②劣化測定のための定期点検や定期診断

③劣化を早期に回復するための予防修理

の3つの柱がある。

これらを人間にたとえると、

①日ごろから食事に気を配り、適度な運動をすること

②どこか悪いところがないかを調べる健康

人も機械も「予防」が大切

予防を怠ると……
完治はムリ
ですががんばり
ましょう
お金もかかり健康も損なう
日ごろから予防していると……
異常なし
ヨカッタ
お金がかからず、いつも元気

診断や人間ドック

③早期発見、早期治療

ということだろう。

人間は、こうしたことを怠ると思わぬ大病にかかり、治療に時間もお金もかかることになるが、機械も同じだ。

完全に壊れてからだと、修理などに時間や手間がかかるうえに、その間、生産に支障をきたすこととなる。

よく機械が「壊れる」というが、日ごろの点検を徹底すれば未然に防ぐことはできる。

こうした点検を怠った末に機械が「壊れた」場合は、実は人が「壊して」いるのだ。

「トヨタの強い体質は治療によってではなく、むしろ予防医学によってつくり出されたと言っていい」は、大野耐一氏の言葉である。

第17話 整理整頓後のリバウンドは、こうして防げ！

真因を突き止めて改善すれば、元には戻らない

5Sのうち、特に整理と整頓はあらゆる業種・職種で行われている。

しかし、たいていの場合、整理と整頓を行った直後はきれいになるのだが、時間が経つと元に戻ってしまう。

そして、「いつの間にこんなにものが増えたのだろう」となり、「もう1回整理と整頓をやるぞ」となってしまう。

いわば「5Sの年中行事化」だ。

あるメーカーの生産子会社社長が、ある製品の製造受託を親会社に申し出たところ、「あんな汚い工場ではムリ」と断られてしまった。

そこで社長は、トヨタ式をベースとする生産改革の一方で、5Sを強力に推し進めた。

最初にいらないものを捨てる「整理」を行い、次に何がどこに何個あるかが新人でもわかる「整頓」を行った。

さらに工場の床や壁を社長から社員まで総出でピカピカに磨き上げ、「汚い工場」という汚名を挽回した。

整理整頓してもリバウンドしたら意味がない

それだけでは後戻りの危険があるため、社長は午後3時にすべての生産ラインを止めて清掃を行う「ビューティータイム」を実施した。

さらに「汚れたら拭く」に加えて、少しでも汚れがあると、その真因を調べて徹底して改善を行うようにした。

これらを積み重ねた結果、かつての「汚い工場」は、グループナンバーワンの「汚したくても汚れないほどの職場」へと生まれ変わった。

整理整頓後のリバウンドを防ぐには、真因を調べ、二度と同じ状態に戻らないように改善することが大切なのだ。

第18話

ゴミゼロにするのに大事なのは、「出口」より「入口」

ゴミは、入ってくるものを減らせば自然と減る

事務機器メーカーA社の工場が、「ゴミゼロ」に挑戦した時の話だ。

ゴミゼロのためには生産現場の人たちの協力が欠かせないし、どんなに良いことであっても現場の人たちに過度な負担をかける改革は根づかない。

そこで、ゴミゼロ推進チームは分別ボックスの種類を増やすのではなく、パッと見ただけで「何をどこに捨てるか」がわかる工夫を行った。

そして、「どこに入れていいかわからない」ものは「?ボックス」に入れてもらうといった工夫を重ねることで、成果を上げることに成功した。

しかし、ゼロにはならなかった。そんな時、1人の役員が「ゴミゼロを簡単に達成する方法が何かわかるか?」と聞いてきた。メンバーが首をかしげていると、役員はこう言った。

「ゴミを出さなければゼロになる。そもそもなぜこんなにたくさんのゴミが出るのかを調

入り口を制するものが出口を制す

べたらどうだ」

ゴミには「出口のゴミ」と「入口のゴミ」がある。それまでメンバーは出口のゴミばかりに気をとられていたが、入ってくるゴミが減れば、そのあとの作業はうんと楽になる。

メンバーが真因を突き止めると、部品の過剰包装など「お金を出してゴミを買っている」ことに気づいた。

そこで、協力会社などと相談して入口のゴミ減らしを進めた結果、ゴミは大幅に減り、出口のゴミは自然とゼロに近づくことになった。

問題があれば、その原因をとことんさかのぼってみるといい。そうすれば、そもそも「片づけ」が不要なほどの改善ができるというのが、トヨタ式の考え方だ。

第19話

事故やミスの真因を、管理職が確認しない現場は危険

ポスターや朝礼の唱和が、お題目になっていないか？

あるメーカーの工場で、小さな事故が多発したことがある。

幸い人命に関わるような事故は起きなかったが、トップは放置すればいつか大きな事故が起きるかもしれない、という危惧を抱いていた。

そこで生産部門の責任者で取締役のAさんを工場に常駐させて、「ゼロ災」を目指すことにした。工場を細かく点検して回ったAさんが気づいたのは、「整理整頓」「安全第一」といったポスターが貼られ、朝礼でも同様の言葉が唱和されているのに、行動がさっぱり伴わず、意識改革がされていないことだった。

災害を防ぐうえで必須の5Sはないがしろにされ、階段の手すりなども塗装がはげて錆《さ》びており、持つのも躊躇《ためら》われる状態だった。

何より気になったのは、事故が起きた時、**管理職は誰も現場に行かず部下の報告を聞いて「これから気をつけろ」と言うだけですませていたことだった。**

見せかけの5Sはいらない

これでは「整理整頓」も「安全第一」も意味がないと感じたAさんは、無意味なポスターをはがし、朝礼の唱和も中止した。

代わりにどんな小さな事故もAさん自ら管理職を連れて駆けつけ、真因を調べて、徹底的な改善を行った。さらに工場の5Sも徹底的に行った。

やがて現場はきれいに整理整頓され、それに伴って社員の意識は変わり、事故の件数も急速に減った。

トヨタ式で言われることだが、いくらきれいな「かんばん」をつくっても在庫が減らなければ意味がない。

見るべきはポスターではなく、「5Sができているか」なのである。

第20話

リーダーしかできない5Sをやると、現場は変わる

リーダーしかできない5Sとは？

ビジネスの現場で、あまりに細かいところまで口を出すリーダーのことを「マイクロマネジャー」と呼ぶ。

アップル創業者スティーブ・ジョブズは、誰も気にしないようなことに口を出すためマイクロマネジャーと嫌われた。

しかし、後年、アップルに復帰して次々と大ヒット商品を世に送り出すと、ジョブズのこだわりこそが「世界を変える商品をつくり上げたのだ」と称賛されるようになった。

社員から見れば、あれこれ細かい指示を出すリーダーは厄介な存在だ。

かといって、すべて「現場に任せる」で「丸投げ」にしてしまうのはおかしい。

たとえば、いらないものを処分する場合、ある程度高価なものだと、どんなに不要に見えても、現場ではなかなか判断できない。

そこで、トップがきちんと判断することが必要になってくる。

企業トップは細かいところまで口を出す必

リーダーにしかできない「5S」とは？

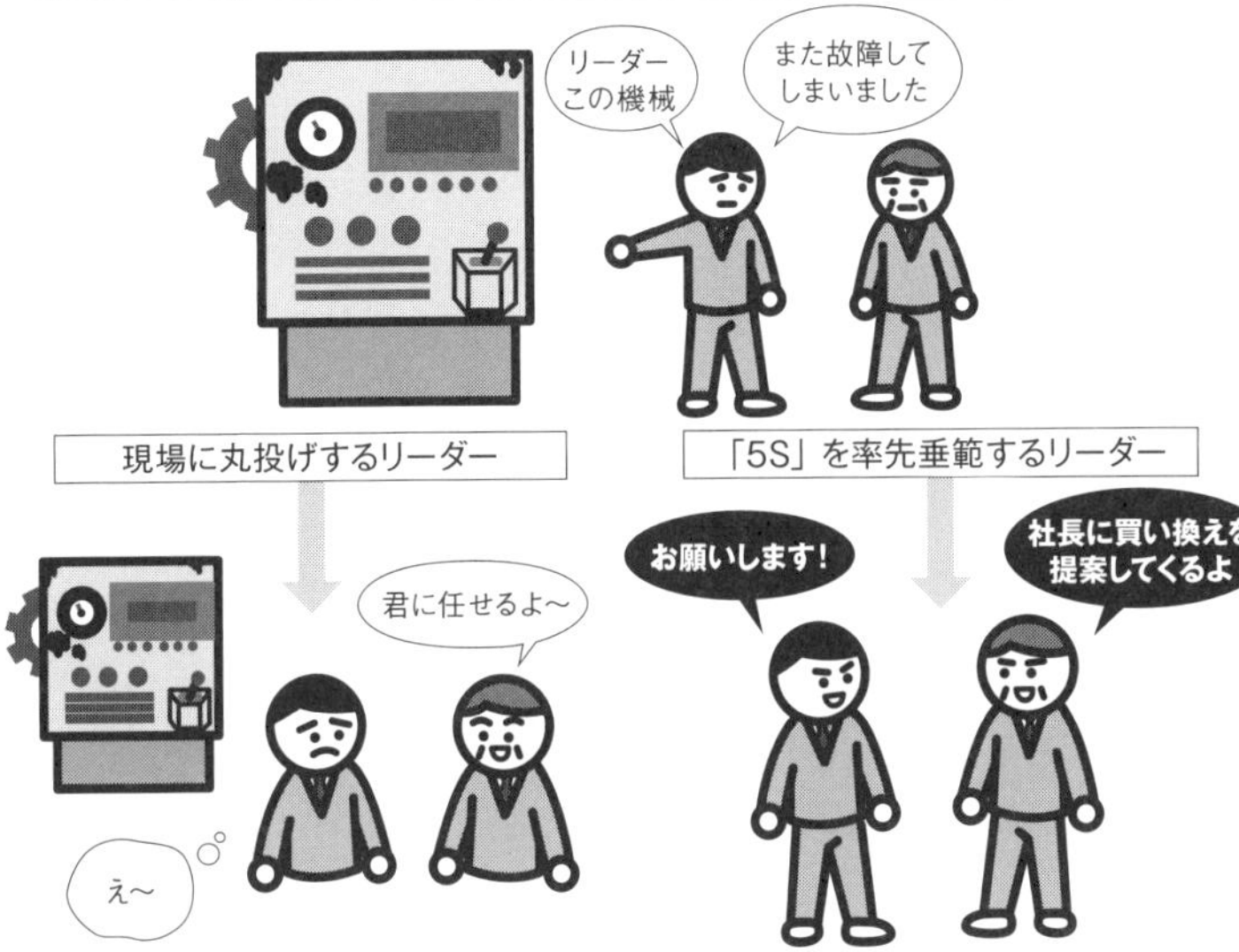

要はないが、**「トップにしかできない5Sがある」と頭に入れ、みんながどうしようかと迷う場合に、明確な判断を下すことが大切なのだ。**

トヨタ式がリーダーに求めることの1つが、「率先垂範《そっせんすいはん》」だ。

リーダーやトップは**「5Sは現場に任せておけばいい」ではなく、5Sにも強い関心をもち、時に先頭に立って判断し行動することが欠かせない。**

5Sがどこまで徹底できるかは、トップの関心と行動にかかっている。

第21話

整頓はやって終わりではなく、改善し続けていくことが大切

間違えようにも間違えられないようにするのがトヨタ式

ある日、トヨタの海外工場で、作業に使う接着剤を間違えるというミスが起きた。

工場責任者は、すぐに倉庫に行って原因を調べたうえで資材課長を呼んだ。

海外ではミスをしたらクビを覚悟する必要がある。意気消沈してやってきた課長に、責任者はこう言った。

「さっき倉庫を見てきたが、似たような缶がずらりと並んでいる。あれでは棚に置く時や棚から取る時にミスが起きる。再発防止策を考えてくれ」

思いがけない言葉に課長は感動して、自分の対策を話した。満点の回答ではなかったが、責任者は「もう少しこうしたらどうだろう」とアドバイスをして送り出した。

数日後、課長は小さく書かれている記号でしか判別できない缶の表記をもう少し大きくすることや、缶の色を種類ごとに色分けするといった改善策をもってきた。

改善案を実施したところ、以後、同じこと

整頓にも改善と工夫を!!

は起こらなかったという。

整頓の基本は、決められたものを決められた場所に置くことが前提だが、あまりに似たようなものばかりだと、置く時に間違いが起きやすい。

トヨタ式の整理はいらないものを処分することであり、整頓は必要なものがいつでも誰でもすぐに取り出せることをいう。そのために行うのが、**整理棚などの工夫である。**

どこに何を置くかをきちんと決めたうえで、「A棚-1-ア」など、場所表示や品目表示をひと目でわかるようにするのだ。

整頓においては、**ミスが起きるたびにその原因を突き止め、間違えようにも間違えられないほどの改善を積み重ねることが大切なのだ。**

第22話 規則は見直すためにある

規則は定期的に見直し、間違ったものは思い切って変えること

ある企業の経営者となったAさんは、定期的に工場を隅から隅まで歩き、整理整頓はできているか、ムダはないかをチェックすることを習慣にしている。

そんなある日、工場の中に張り巡らされている水や空調、電気の配管のそれぞれが赤や青、黄色のペンキですべて塗られているのに気づいた。

いくつかある工場の中でそんなことをしているのはこの工場だけであり、Aさんが「誰がこんなことをやれと言ったんだ」と質問したところ、「会社の規則に書いてあります」という答えが返ってきた。

規則を見ると、たしかにたくさんある配管のうちどれが水の配管で、どれが電機の配管かがひと目でわかるようにペンキを塗るよう書いてあった。ただ問題は、工場全体で全長10キロにも及ぶ配管の、隅から隅までペンキを塗る必要があるのかということだった。

色分けをするにしても、何メートルかおき

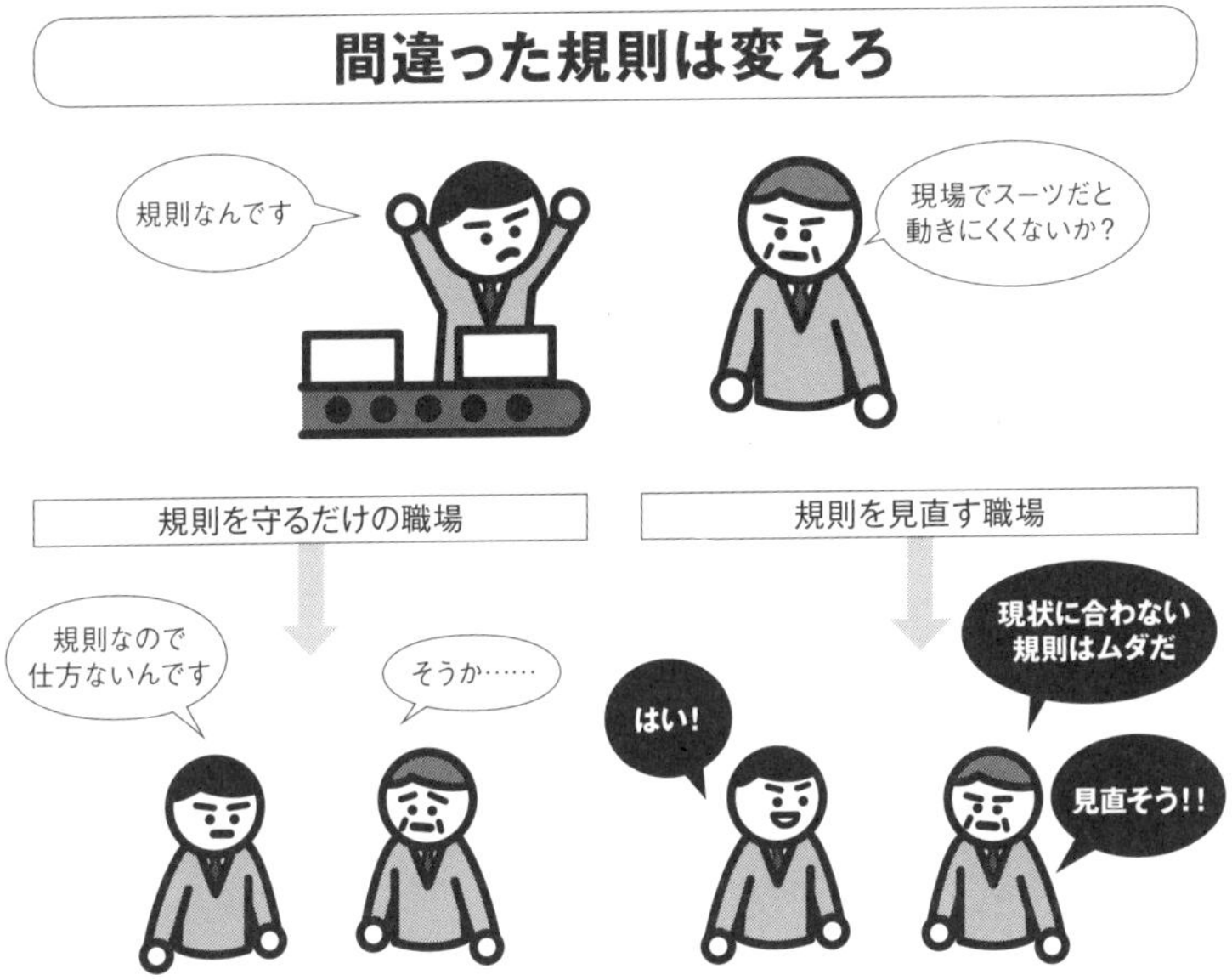

にペンキなり、カラーテープで色分けすれば間違えるはずはない。

にもかかわらず、すべてをペンキで塗るというのは、あまりにムダだった。しかも規則がつくられたのは、その工場がまだ小さかった頃の話だ。

そこで、Aさんはすぐに規則の見直しをさせたところ、似たようなムダがたくさん見つかった。

5Sの徹底のために、さまざまな規則をつくるのは大切なことだ。

しかし、**定期的に見直しを行い、新たな工夫をしないとムダを省くための5Sが、ムダを生むものになりかねない。**

より良い5Sのためには、「間違った規則を変える」ことも必要なのである。

第23話

努力には「表」と「裏」がある。「裏」の努力を怠るな

「5Sは完璧」と思った時こそ、機械の下や棚の裏に目を向ける

「努力にも表と裏があって、『裏の努力』をするようにした」は、元プロ野球選手・桑田真澄さんの言葉である。

桑田さんはPL学園時代、甲子園で優勝2回、準優勝2回の素晴らしい成績を残した。

そんな桑田さんが、高校時代に心がけたのが、野球の練習という「表の努力」だけでなく、トイレ掃除や草むしりなどの「裏の努力」であったという。

表も裏も懸命に磨いてこそ一流になれるという証拠であるが、5Sにも「表」と「裏」がある。

ある企業の経営者は、日ごろから5Sを徹底するように言い、職場の整理整頓や清掃にはかなりの自信をもっていた。

そんなある日、ふと天井を見上げると、蜘蛛の巣がはっていて、汚れが目についた。「掃除をしているはずなのになぜ」と思った経営者が、機械の裏や下に目をやると、かなり汚れており、埃《ほこり》もたまっていた。

「見えない5S」に気を配れ

社員を呼び、目の届きにくい場所をチェックすると、想像以上に汚れており、以来、同社の清掃はよりきめ細かいものとなった。

いつしか、経営者はこう考えるようになった。

「日ごろから5Sはうるさく言っていたし、私自身も率先してやっていた。しかし実際にやっていたのは『見える5S』であり、『見えない5S』は手つかずのままだった」

かなり清潔意識の高い人でも、見えない汚れや埃は案外無視しがちである。

ただ、**こうした見えないところに気を配ってこそ清潔は守られるし、良い仕事をすることができる。**

「5Sはできている」と感じたら、機械の下や棚の裏にも目を向けてみるといい。

第24話

「5S」にサービスとスマイルを加えて、最強の現場にする

「W5S」は、職場の整理整頓だけでなく働く人の意識も変える

「5S」というと、通常「整理・整頓・清掃・清潔・躾」の5つを指す。

しかし、トヨタ式をベースとした生産改革を行っているある工場には、Speedy、Simple、System、Service、Smileという「別の5S」があり、2つあわせて「W5S」と呼んでいる。

ここで目を引くのが、「サービス」と「スマイル」である。

いずれも従来の工場になかった発想だ。同

工場の生産改革を主導した経営者のAさんによると、**「5Sを実践するためにはサービスとスマイルが欠かせないし、5Sを徹底すると自然とサービスとスマイルが生まれてくる」という。**

Aさんが社長として就任した頃の同社には、笑顔どころか会話すらなかった。

みんなが黙々と言われたことをやるだけで、改善への意識も低かった。これでは品質や利益以前にやりがいが生まれない。

働く人の意識にも「5S」を

そこで、Aさんはトヨタ式改革を進める一方で、毎日、工場に顔を出してみんなに笑顔で挨拶をして回った。

最初は返事が返ってこなかったが、数ヶ月経つとみんなが挨拶をするようになった。

やがて、会話が生まれ、問題が起きるとみんなが知恵を出すようになった。すると、「お客さま」のことを考えたより良い仕事もできるようになった。

5Sを徹底するとサービスやスマイルが生まれ、サービスやスマイルのある現場では「良いものを、より早く、より安く」つくることができるようになる。

トヨタ式「5S」は、職場をきれいにするだけでなく、働く人の意識を変え、元気にするのだ。

とにかくやってみよ

トヨタ自動車工業元社長

豊田《とよだ》 喜一郎《きいちろう》

(1894 ～ 1952)

トヨタ自動車の創業者・豊田喜一郎氏の父親は、大正時代を代表する発明家・豊田佐吉氏（トヨタグループの始祖）である。佐吉は自動織機などの発明を次々と行ったあくまでも独学の人であるのに対し、喜一郎は東京帝国大学卒のエリートだった。

そのため２人で議論をするといつも学問をした喜一郎が勝っていたが、ある時、いつものように父親を言い負かした喜一郎が「それは実行する価値はない」と言ったところ、佐吉が「とにかくやってみよ」と言った。

喜一郎がいやいやながらやってみたところ、予想に反して素晴らしい結果が出た。そこで、喜一郎は議論を先にすることをやめて、まずやってみることを優先するようになったという。

以来、ものごとを成し遂げるのは「議論の人」ではなく、「断行する人」であるというのが喜一郎の信念となり、それがトヨタ社内に代々受け継がれるようになった。

「議論の人」はどうしても実行が後回しになりがちだが、やるかやらないかで迷ったら、あれこれ悩まず「とにかくやってみよう」ということだ。

第3章

トヨタ式
すぐやる人になれる「問題解決法」

第25話

1日考えたくらいで、「できません」と言うな

「何が何でも解決する」という執念が、不可能を可能にする

仕事は、常に難しい課題や厄介な問題ばかりである。

若いトヨタマンAさんも、ある時上司から無理難題を指示された1人だった。

Aさんは Aさんなりに必死に考えたが、どうしても解決策が思いつかず「いろいろ考えてみましたが、どうしてもできません」と報告した。すると上司は、「1日考えたくらいで『できません』とはよく言うな」と言う一方で、「期限をもう1日延ばしてやるから、もっと考えてみろ」と猶予《ゆうよ》をくれた。

Aさんは気力を振り絞って考え、先輩たちにも相談したが、やはり答えは「難しい」という結論だった。

翌日、上司に「できません」と報告したところ、上司の返事は「わかった、じゃあ、ほかの奴に頼むから」というそっけないものだった。

それはAさんにとって、叱られる以上に辛いことだった。Aさんがひどく落ち込んでい

何が何でも解決するという執念をもつ

ると、翌日、上司が「A、一緒に考えようや」と声をかけてくれた。

「Aよ、たしかに難しい問題だが、会社や現場が困っている以上、『できません』ではダメなんだ。**大切なのは言い訳を考えることではなく、何が何でも解決するという執念だ**」

Aさんは最初に「難しい」と思いこんだことで、「できない理由」ばかりを探して、肝心の「どうすればできるか」を考えることを疎《おろそ》かにしていたと気づいた。その後、時間はかかったものの、上司の助けを借りながら解決策を見つけることができた。

難題を克服するためには、「できない」ではなく「できる」と考えることが大切だ。

そうすれば、人は「どうすればできるか」だけを考えるようになる。

第26話

「しんどい」と思った時こそ、楽な方法を思いつくチャンス

身の回りの困りごとを、どうすればいいか考えることから始める

「問題を解決する」とか、「問題を解決するための知恵を出す」と言うと、「そんな難しいことはできっこない」と及び腰になってしまう人は少なくない。

しかし、トヨタ式でいうところの「問題解決」や「知恵を出す」は、そんな大げさなものではない。スタートは、「自分の身の回りにあるちょっとした困りごとをどうすればいいか」と考えることから始めるのだ。

トヨタ元社長の張富士夫氏（P164参照）がこう言っている。

「誰もがみな、1つや2つは困ったことや、直さなければならないと思うことを抱えているものです。『仕事が非常にやりにくい』とか、『大変疲れる』『危ない』とか、あるいは『誰が見てもおかしなやり方』と思うことがあります。（中略）このように感じた時には、普通の反応として、『自分で何とか直したい』と思うのではないでしょうか。創意工夫は、そうした要求に応える制度であると思

不便は改善のチャンス

います。大事なことは解決策を自分で考えること、仲間や上司と一緒になって考え、自主的な解決ができるということです」

つまり、**トヨタ式の問題解決法における「問題」とは、自分たちが日ごろ感じる「不便さ」や「不快さ」であり、解決の第一歩は、「これはやりにくいな、じゃあ、どうすれば楽になるか考えてみるか」と考えるということだ。**

「自分で何とかできないか」を考えると「改善のアイデア」が生まれ、そこにやりがいも生まれる。

また、自分で考えようとすることで「問題」に気づけるようになり、解決のための「知恵」も出るようになるのだ。

第27話

失敗したら、大声で「失敗した」と言いなさい

問題が起きた時は、隠すのではなくみんなに「見える化」しよう

問題を解決するために、最も大切なことは何か？

トヨタ式では、最も大切なのは、**「問題をみんなが見える状態にする」ということになる。**なぜなら、問題を解決するためには、みんなが「問題が起きている」ことに気づく必要があるからだ。

ある企業のトップは、入社したばかりの社員にしばしばこうアドバイスしていた。

「失敗した時には大きな声で『失敗したぁ』と言いなさい」

誰しも失敗すれば嫌だし、恥ずかしいと思う。時には失敗を悟られないように隠そうとしたり、自分1人で何とか取り繕おうとしてしまう。しかし、そこに間違いが起きる。

そこで、そのトップは失敗したら、大声で「失敗したぁ」と言いなさいというのだ。

そうすれば近くにいる先輩たちが、「どうした」と駆け寄ってきて話を聞いてくれる。

同時に知恵を貸してくれるし、窮地から

問題を「見える化」すると協力してもらえる

救ってくれることにもなる。

トヨタ式が生産現場などで不良などの異常が起きた時、すぐに生産ラインを止めるのもこれと同じことだ。

こうした時、多くの企業は不良品を脇にどけてラインをそのまま動かしてしまい、根本的な解決をしないまま同じミスを繰り返す。

一方、トヨタ式では問題が起きたことがみんなに見え、みんなの知恵で問題を解決するため、二度と同じ問題は起きなくなる。

問題が起きた時に大切なことは、**まずは「みんなに見える」ようにすることだ。**

そしてすぐさま改善をする。

そのステップを踏むことが、成長への第一歩となるのだ。

第28話

トヨタ式 圧倒的速さで問題の「真因」にたどり着く方法

「なぜ」を5回繰り返すと真因にたどり着ける

トヨタ式を代表する言葉に、**「『なぜ』を5回繰り返せ」がある。**

一度や二度の「なぜ」では表面的な原因しかわからないが、三度、四度、五度と「なぜ」を繰り返すことで初めて「真因」にたどり着けるという考え方だ。

かつてあるトヨタの工場で、車の何台かのドア部分に小さな傷が見つかったことがあった。

ごく小さな傷なので、塗装などでカバーすることができたし、「許容範囲」として片づけることもできた。しかし担当者はすぐに現場へ行って、傷の位置や大きさなどを確認した。すると、右のドアの取っ手の下あたりについていることがわかった。

そこで担当者は、「なぜ傷がつくのか?」と「なぜ」をくり返しながら、現場の人たちの作業ぶりを丹念に観察していった。

するとある日、ある作業員のベルトのバックルが車に傷をつけていることを発見した。

「なぜ×5」のむこうに真因がある

彼は作業時に時折姿勢を変えることがあり、その際にベルトのバックルが車のドアに当たり、小さな傷がついていたのだ。

担当者は直ちに正しい作業の姿勢について指導し、ベルトのバックルも傷のつかないものに変えるよう指示した。

また、他の作業員についても、ベルトのバックルを車と接触しても傷のつかないものに変えるよう指示した。

このように「なぜを5回繰り返す」は机上で行うのではなく、問題の起きた現場で、あらゆる可能性を探るものだ。

問題が起きた時、わかりやすい原因に飛びつくと早期に解決できるが、いずれ同じ問題が起きることになる。真の解決には、「真因」探しが大切なのだ。

第29話

1つの問題に対して、解決策は複数案考える

目的は1つだが、達成する手段は1つとは限らない

登山ルートが1つでないように、仕事も、目的を達成する手段は1つとは限らない。

ある日、若いトヨタマンAさんは、上司に課された問題を解決するための素晴らしいアイデアを思いついた。

早速、その具体策を詰め、上司に自信満々で提案したところ、上司から返ってきたのは、思いもかけない言葉だった。

「君は、この案以外に、どんな案をいくつ考えたんだい？　君の選んだ解決策は他の案と比べて、どこがどのように優れているんだい？」

自分の解決策に絶対の自信をもっていたAさんは、上司からほめられるとばかり思いこんでいただけに、「代案は？」と聞かれると答えられなかった。

そんなAさんに、上司はこう言った。

「1つの目的に対して、それを達成する手段はいくつもある。どんなに素晴らしい案に思えても、あとになってそれよりも安くできる

比較することで最善策を選ぼう

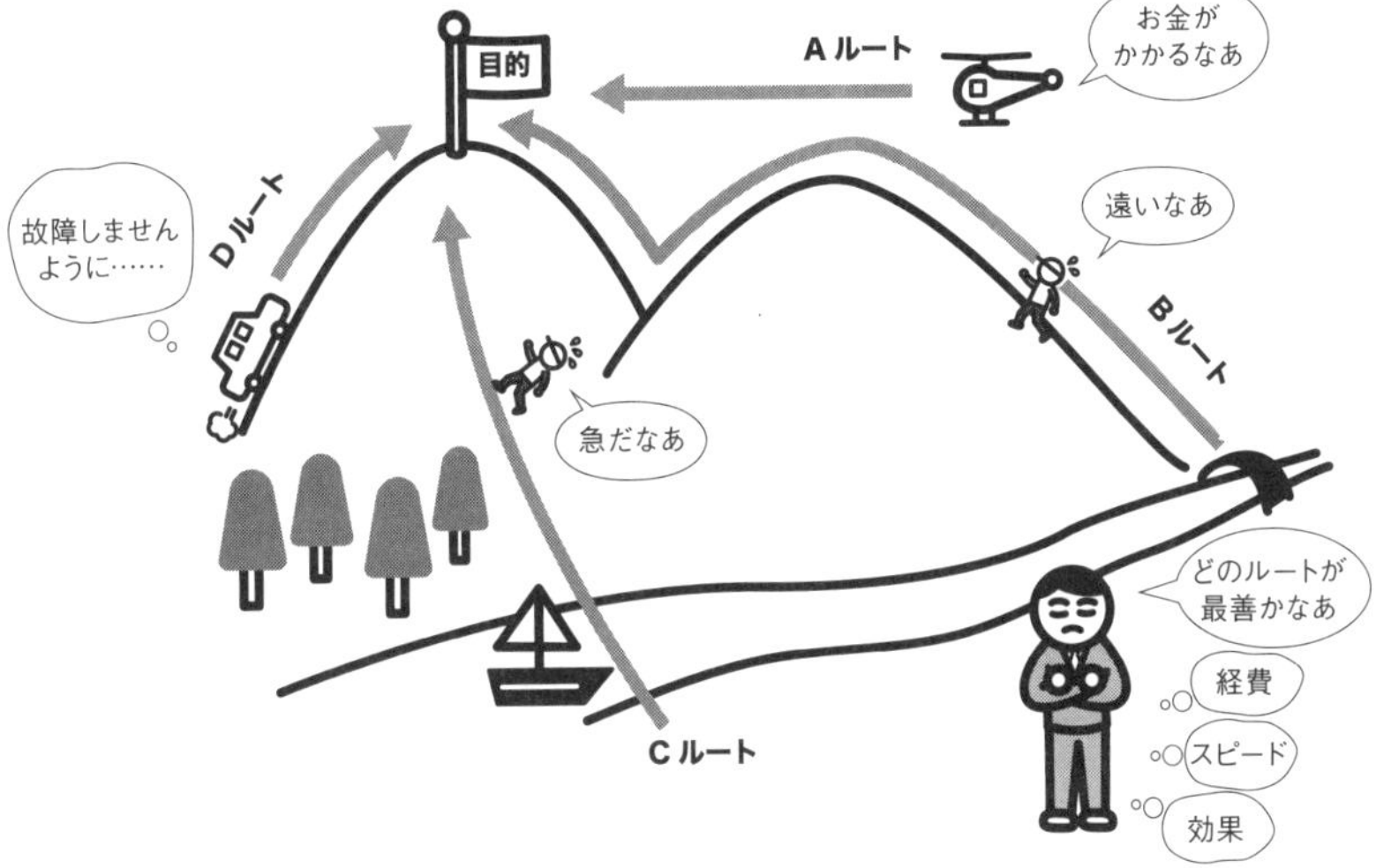

とか、簡単な方法が見つかって同じような効果を出せるとしたら、どんな名案も失敗だったとなるんだよ」

トヨタ式改善で大切なのは、**1つの目的に対して、まずは考えられる限りのアイデアを出してみることだ。**

なかには「つまらないもの」もあるかもしれないが、まずは思いつく限りのアイデアを考える。

そのうえでお金や手間、時間、効果などを比較検討したうえで、最善のものを選ぶ。

少し時間はかかるが、こうした「考える」「比較する」過程を経ると、本当の最善策にたどり着けるようになる。

第30話 あなたは問題を指摘するだけの「診断士」か？ 問題を解決する「治療士」か？

現場が求めているのは、批評家ではなく実行力のある人

問題を指摘することは大切だ。しかし、それだけで問題は解決しないのも事実である。

最も重要なのは、**「こうしたらいいのではないか」と具体的なアイデアを出し、実際に問題を解決することだ。**

トヨタ式では、問題を指摘し提言するだけの人は単なる「診断士」であり、実際に解決できる人のことを「治療士」と呼んでいる。

かつて、トヨタのある工場がエンジンの生産予定を1日8000台から、倍近くの1万5000台にしなければならなくなった。

ところが、その工場の協力会社ではどうしても部品の生産が追いつきそうになかった。

そこで、その原因を調べるべく若いトヨタマンAさんが協力会社に派遣された。調査を終えたAさんは、会社にトヨタ式ものづくりがうまく機能していない現状を伝えた。

すると、大野耐一氏は即座にこう言った。

「だったら、お前が鋳物工場に行ってつくっ

「診断士」ではなく「治療士」になれ!!

てこい」

そこで、Aさんはトヨタの仕事を終えたあと、協力会社に行き、夜遅くまで改善の指導を行った。

最初は耳を傾けなかった職人たちも毎日、夜遅くまで熱心に指導するAさんの熱意にほだされて改善に取り組むようになり、やがて計画通りの生産ができるようになった。

問題解決に求められるのは、批評家や診断士ではない。

現場は、気づいた問題に対して「どうしたら解決できるのか」を考えて、実行できる人を欲している。

口先だけの人、言うだけの人はいらないのだ。

第31話

上司の言う通りやる人はバカ。上司よりうまくやる人が利口

上司に言われた通りにやるな。上司の指示より上をやれ

多くの人は、上司から仕事の進め方について細かく指示された場合、上司の言われた通りにやることだろう。

ところが、トヨタ式においては、上司に「言われた通りやる仕事」は評価されず、そこに必ず「＋αの知恵」が求められる。

ある日、入社6年目のAさんの工場でトラブルが起きた。

対処の指示をすぐに出すのがAさんの部署の役割だが、あいにく上司は出張中ですぐに連絡がとれなかった。そこでAさんが指示を出すことになった。

Aさんは、以前に似たようなトラブルがあったことを思い出し、その当時上司が出した指示とまったく同じ指示を出して、無事トラブルを解決した。

しかし、Aさんが帰社した上司に対処法を報告すると、厳しく叱られてしまった。

確かに2つのトラブルはよく似ていたものの、まったく同じではなかった。

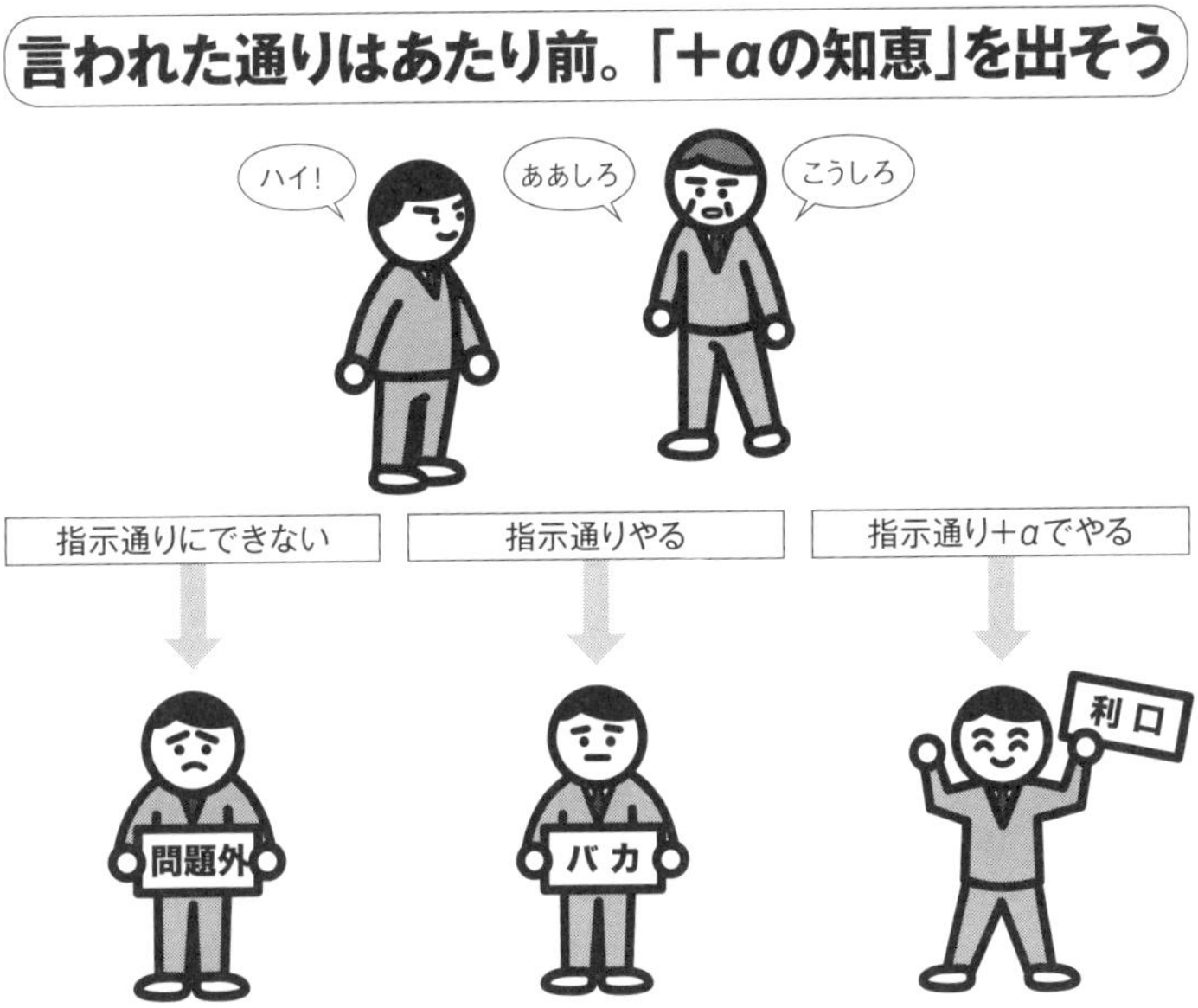

そこで上司は、**「なぜ頭を使ってもっといい指示を考えようとしなかったんだ」**と叱ったのだ。

トヨタ式では、たとえ若い社員であっても、＋αの知恵が求められる。

大野耐一氏は、「たとえばこうやる」と部下に説明をして、部下がその通りにやるとこんなふうに叱ったという。

「わしの言う通りやる奴はバカで、やらん奴はもっとバカ。もっとうまくやる奴が利口」

どんな時も、「もっといいやり方は？」と考える訓練を通して人は知恵を出すことを学ぶことができるというのが、トヨタ式だ。

やる前に「もっといいやり方はないか？」と考える癖をつける。それだけで、人は考える力を養うことができる。

第32話

「算術の経営」に人間の知恵を加えて「忍術の経営」にする

数字だけで判断する「算術の経営」人の知恵を活かす「忍術の経営」

ビジネスパーソンが「数字に強い」のは悪いことではない。AIが急速に進化する時代、数学的センスをもち、数字でものを考えられるというのは大きな強みになる。

しかし、数字を重んじるあまり、すべてを計算で判断しようとすると、大切なことを見落としてしまうから注意が必要だ。

トヨタがカローラを発売して、日本にモータリゼーションを起こしていた頃の話だ。

当時カローラの生産は月5000台であり、5000台分のエンジンを100人でつくっていた。その後、エンジン担当の課長は改善を図り、2〜3ヶ月後には80人でつくれるようにした。

ところが、カローラは想定以上に売れた。そのため月産を1万台にする必要が出てきた。そこで、大野耐一氏はA課長に「1万台なら何人でできるか?」と聞いた。

すると、A課長は「160人です」と答えた。たしかに5000台を80人でつくれる

算術だけでは経営はできない

なら、倍の1万台は160人でできることになる。

しかし、この答えに大野氏は激怒した。

「2×8=16なんて計算は小学校で教わった。この年になってもう一度お前から教わるとは思わなかった。人をバカにするな」

A課長の返事には、肝心の人間の知恵が抜け落ちていた。単純計算で増産に対応しているようでは、競争に勝てない。

その後A課長は、工夫を重ねることで1万台を100人でつくれるようにした。

トヨタ式の神髄は「算術の経営」ではなく、人間の知恵を生かし、人間の力を最大限に引き出す「忍術の経営」にあるのだ。

第33話 人は無茶を言われることで、限界を超える能力を発揮できる

どんなことも必死になれば「できる」

人間の知恵は、時に無茶な制約を課すことで、育まれ磨かれることになるから面白い。

当時、トヨタがある車の原価低減プロジェクトを行うにあたり、10億円の設備投資が必要だと言われていた。

しかし、工場側のリーダーを務めるトヨタマンAさんは、責任者である大野耐一氏の性格を熟知しており、「10億円かかると言ったらバカヤローと言われるだろう」と考え、5億円の設備投資計画を提出した。

しかし、大野氏から返ってきた答えは「この予算は1桁多い。ゼロを1つとれ」というものだった。

10億円が当たり前と言われていたのに、5億円でさえかなり無理をした数字だった。それを、「1桁取って5000万円でやれ」とはあまりに無茶だった。

Aさんは、即座に「できません」と反論した。すると、大野氏から「お前は易者なのか。なぜやる前からできないとわかる」と叱咤さ

改善は知恵とお金の総和である

れてしまった。

「何とかやるしかない」と覚悟を決めたAさんは何ヶ月もの間、「夢に出るほど」考えた末、他の車と一部の生産工程を一緒にして、1台の生産にかかる時間を大幅に短縮するという画期的なアイデアを思いついた。

結果、1桁少ない予算で生産コストを削減できた。

大野氏の口癖は、「改善は知恵とお金の総和である」だった。

人は潤沢な予算があると、何も変えようとしないし、考えようともしないが、**予算的な制約があると、「何とかしなければ」と必死になって知恵を出すことができる。**

時に無茶な制限を設けることで、人は知恵を出すことを覚え、成長することができる。

第34話

部下が失敗しても答えを教えてはいけない

自分で考えて自分で改善するから、同じミスがなくなる

トヨタ社員のAさんは、入社して5年目の頃にラインづくりで大失敗をしたことがある。

完璧にやったつもりが、パワー&フリーの正しい使い方を知らなかったため、スペースが不足してコンベアが進まなくなったのだ。

専門家なら絶対にやらない初歩的なミスだった。

そんなAさんが困っているところに、大野耐一氏がやってきた。

大野氏は、すぐにメーカーを呼んだあと、Aさんに「パワー&フリーは初めてか?」と聞いた。

Aさんが「初めてです」と答えると、大野氏はトヨタの別の工場に連れて行った。すでに誰もいなかったが、大野氏は電気をつけ、工場にあるパワー&フリーをすべて見せて歩いた。

その間、ミスしたAさんを責めることもなければ、「ここをこうしろ」と教えることも

自分で答えを見つけてこそ、同じミスをしなくなる

なかった。

しかし、Aさんにはそれで十分だった。後日、ラインの修正を終えて報告に行くと、大野氏は「そうか」と言っただけだった。

トヨタ式改善の基本は、**「答えは自分で見つける」にある。**

普通の上司ならAさんのミスを叱り、メーカーや担当者を呼んでさっさと直してかたをつけるところだが、大野氏はAさんに、「自分で答えを見つける」チャンスを与えている。

上司にとって、答えを教えるのは簡単だ。

しかし、**時間をかけ、「答えを自分で考える」部下を育てることは、のちのち会社にとって大きな財産となる。**

第35話

うまくいかない原因は、すべて「外」ではなく「内」にある

原因を「内部」に求める姿勢が、真の知恵を引き出す

ものごとがうまくいかない原因を「外部」に求めるか「内部」に求めるかで、知恵の出し方はまったく異なってくる。

あるメーカーの工場が、その地域での市場シェアを著しく落としたことがある。

本来なら工場がある地域だから売れて当然のはずだが、シェアは低下する一方。

そこで、工場責任者が営業の担当者に理由を聞いたところ、あがってきたのは、「景気が悪い」「同業他社に比べて価格が高い」といった「外部」の要因ばかりだった。

「これでは改善のやりようがない」と思った責任者が、お客さまに直接話を聞くなどして調べたところ、「こちらのニーズを無視して売りたい製品の説明ばかりする」「見積書の提出が遅い」「営業社員の態度が悪い」といった理由のほか、「そもそも滅多に顔を出さないからどうしても熱心な他社のほうになる」といった「内部」の理由がほとんどだった。

「外」に原因があるなら、自分たちではどう

「内」にある問題は、いくらでも解決できる

どうすればもっと営業成績が上がるだろうか
問題の原因を「外」に求めると
問題の原因を「内」に求めると
いくら我々ががんばっても
そもそも景気が悪いんですよ
そうか……
お客様のニーズがどこにあるか調べます
ぜひやってみてくれ

にもならないが、「内」の理由なら工夫次第でいくらでも改善できる。

そこで工場責任者は、効率の悪かった営業手法を変え、1日により多くの企業を訪問できるように工夫したうえで、工場で働く人たちからの紹介も増やしたところ、売上は伸びるようになった。

「市場シェアの低下」といった問題を解決するためには「真の原因」を知ることが欠かせない。

その際、**不振の責任を「外」に求めると知恵は出ないが、「内」に求めれば知恵は出るし改善もできる。**

問題解決にあたっては真摯な真因追求と、自分たちに何ができるのかを、とことん考える姿勢がなにより大切なのだ。

第36話

「ちょっと甘め」の提案が、多くの人の知恵を引き出す

完璧過ぎると改善の余地がなくなってしまうから

トヨタ式改善を支えているのは、「人間の知恵」である。

お金を使って良くするのが「改良」なら、人間の知恵を使って善くするのが「改善」というほど、トヨタ式は人間の知恵にこだわっている。

カローラやレクサスの開発に関わったトヨタ社員のAさんが、かつてタイを舞台にアジア向けの戦略車を開発した時のことだ。

タイで売るためには、カローラよりも安い価格設定が必要となるが、当時のトヨタ社員にとって、カローラより下のクラスの車をイメージするのはとても難しかった。

Aさんがプロジェクトメンバーに「カローラから何をはずせばいいか？」と質問しても、「そんなものはない」としか返ってこない。

そこで、Aさんは「とても安くてガタガタの車」をつくってみんなに見せた。

すると、その車を見たメンバーから、「せめてこうしてほしい」「これだけはつけない

「完璧」は「改善」の余地をなくしてしまう

と」という知恵が次々と集まった。アジア向け戦略車の開発は、ここから始まった。

こうした「ちょっと甘め」の考え方は、大野耐一氏が標準作業づくりで試みていたことだ。現場のベテラン社員は、完璧な標準作業をつくれる。ところが、あまりに完璧過ぎると改善の余地がなくなってしまう。

そこで、大野氏は「ちょっと甘め」の標準作業を作成した。すると、「ここを直せばもっと良くなる」といった知恵が出て、改善が一気に進むことになった。

知恵が出ないのは社員に知恵がないからではなく、知恵を引き出す仕組みが欠けているからだ。大切なのはみんなに知恵があると信じて、「どうすれば知恵が出るか」という仕組みを考え出すことだ。

第37話 機械は買ってよしではなく、人間の知恵をつけて使え

道具も機械も、最新のものを買ったからうまくいくわけではない

アメリカで開発される機械のほうが、日本製よりも高性能だった頃の話である。

トヨタは、あるアメリカ製の機械を購入した。

そこで、エンジニアが大野耐一氏に「今度、こんなすごい機械が入りました」と報告したところ、大野氏とエンジニアの間でこんなやりとりが行われた。

「なぜこの機械に3人も必要なのか?」

「アメリカでも日本の日産でも3人でやっています」

「アメリカや日産が3人でやっているのなら、何とか2人とか1人でできるように工夫しなさい。アメリカから船賃をかけて買った機械で部品をつくり、その車をアメリカへ輸出する。アメリカと同じやり方をしていては永久にアメリカに勝つことはできない」

これが、**「機械に人間の知恵をつける」ということだ。**

今の時代、新しい機械が次々と生まれ、い

機械に人間の知恵をつける

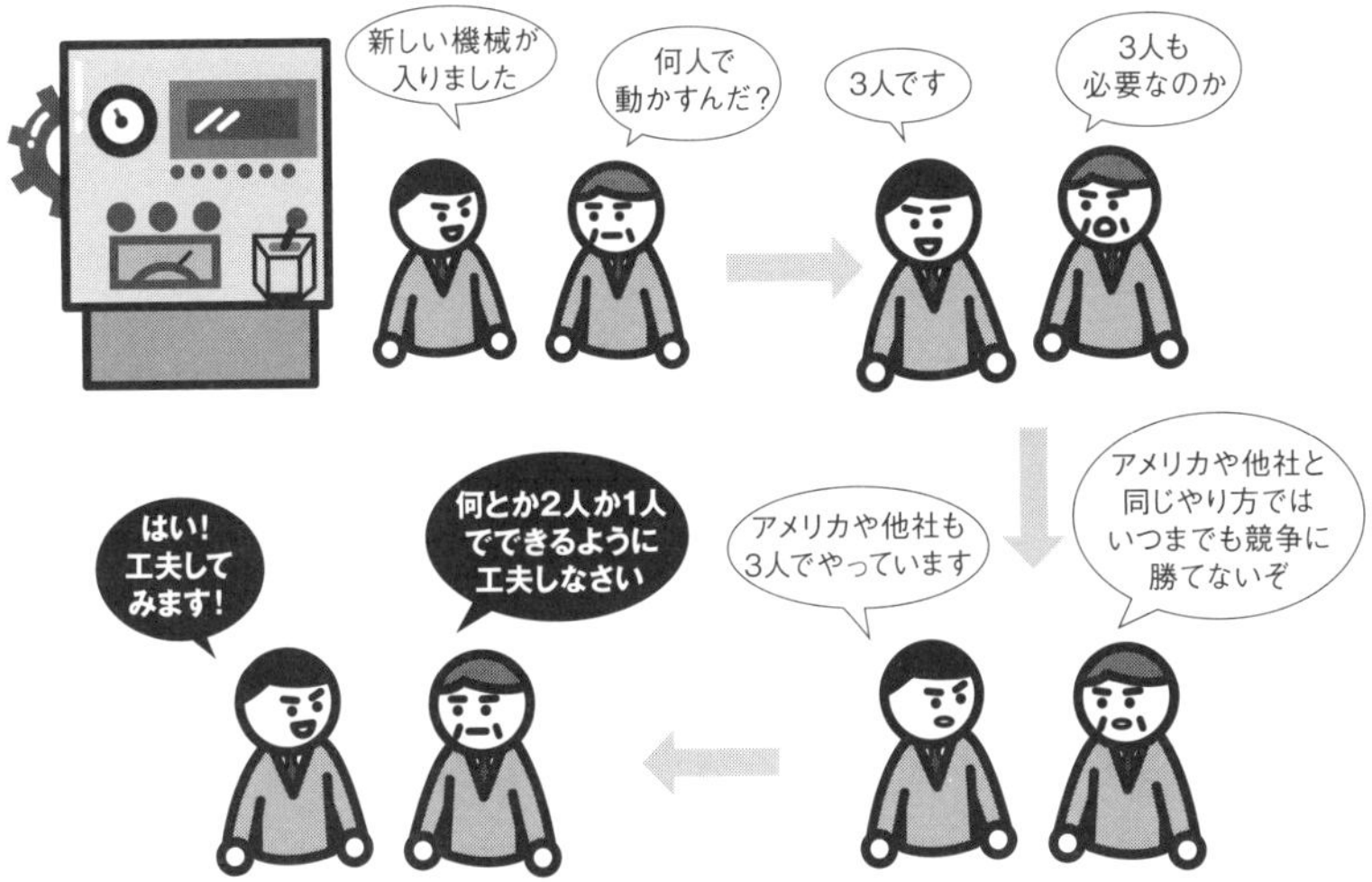

ずれも便利さを競っているが、かといってその機械さえ購入すればすべての問題が解決すると思い込んでしまうと、大きな失敗をする。**道具や機械に、自分なりの知恵をつけてカスタマイズする。**

みんなと同じ機械をみんなと同じように使っていたら、差別化などできるはずがない。機械についている人間の知恵だけ競争に勝てる。

機械を当たり前に使うだけなら、他社を上回る成果など上げることはできないのである。

善は急げ

トヨタ自動車工業元社長

石田《いしだ》 退三《たいぞう》

(1888 ～ 1979)

1950年、経営危機に陥ったトヨタを救うため豊田喜一郎氏が辞任したあと、新社長に就任した石田退三氏はのちに「中興の祖」と呼ばれるほどの経営手腕を発揮、トヨタ発展の礎を築いた。早くにトヨタの始祖・豊田佐吉氏と出会い、豊田自動織機の社長などを務めたが、もともとは自動車産業への本格参入に強く反対していた。

しかし、トヨタ自動車の社長となってからの活躍は、見事なものだった。

社長に就任して間もなく朝鮮戦争による朝鮮特需が発生、トヨタは米軍から1000台の大型トラックを受注、以後も数千台のトラックなどを受注しているが、この商談の先頭に立ったのが石田だった。特需がトヨタの再建に不可欠だと考えた石田は、部下に任せるのではなく自ら先頭に立つことを決意、「善は急げ」と神田の木賃宿に泊まってＧＨＱに足しげく通い商談を成立させている。

石田のことを「ツイている」と評する人もいたが、石田によると運もツキもそれを「迎え入れる準備」をしている人のところにしか来ないという。石田の「善は急げ」という並外れた行動力があったからこそ、トヨタは運を手繰り寄せることができたのである。

第4章

トヨタ式 すぐやる人になれる「ムダどり」

第38話

「仕事」と思っていることのなかに、たくさんの「ムダ」が潜む

「ムダどり」を定義することは、改善活動をするのと同じくらい重要

トヨタ式と言えば、「ムダどり」を思い浮かべる人がいるほど「トヨタ式＝ムダを省く」は広く定着している。しかし、「ムダ」に関する見方は、人によって異なる。

たとえば、工場の倉庫に山と積まれている材料や製品の在庫を見て、「これだけあれば生産に困ることはないいし、いつだって注文に応えられる」と思う人がいれば、「こんなに在庫を抱えてどうするつもりだ。これでは資金繰りに苦労するはずだ」と嘆く人もいる。

そこで、「ムダ」についての全社的な定義が必要となる。

トヨタ式における「ムダ」とは、「付加価値を高めない、いろいろな現象や結果」のことを指す。

生産現場においては、「原価だけを高める生産の諸要素」であり、間接部門においては「お客さまのいないもの」や「お客さまの役に立たないもの」と表現できる。

さらに、生産現場を細かく観察すると、動

「ムダ」を見つけて取りのぞく

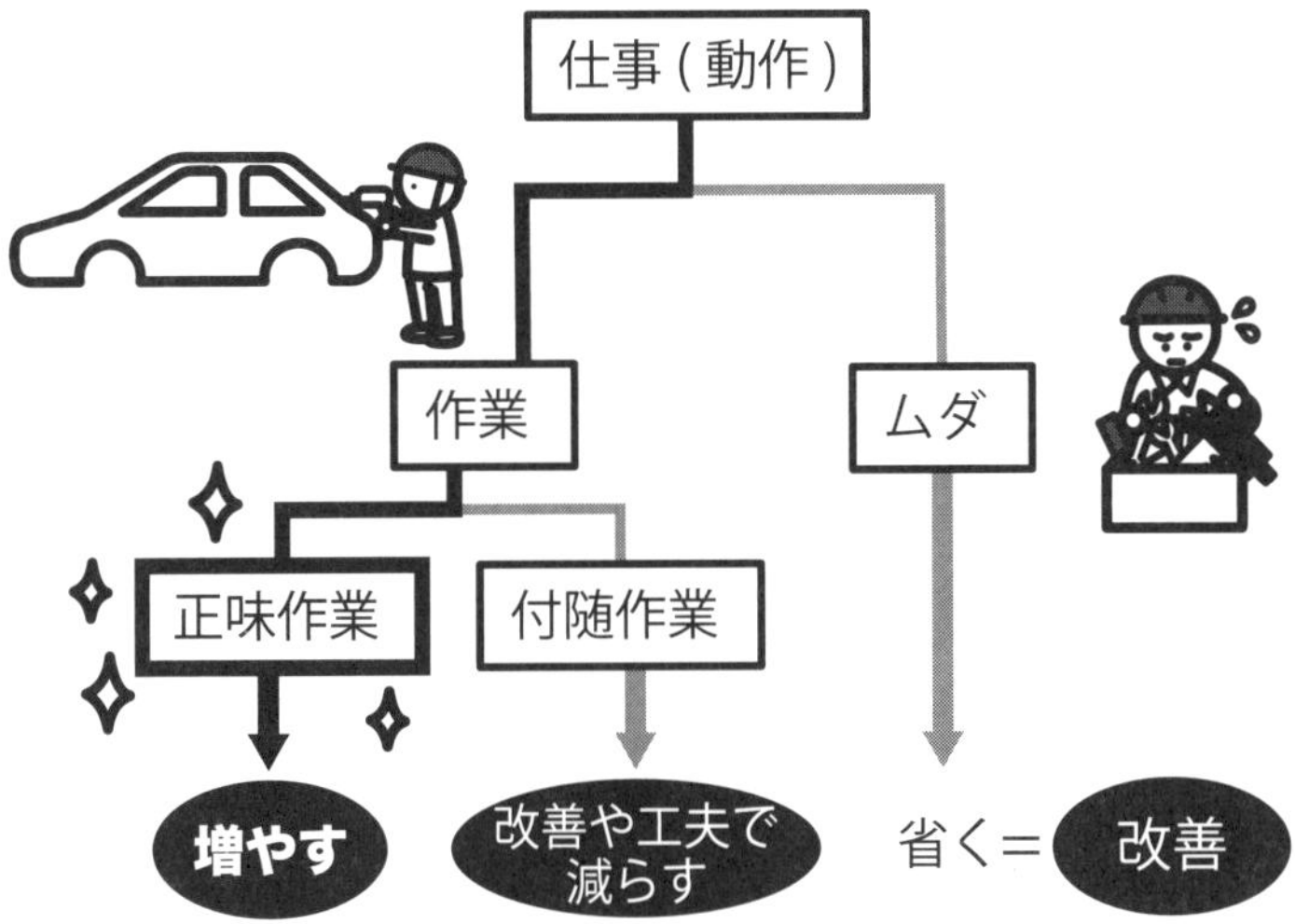

作は「作業」と「ムダ」に分かれ、作業は「正味作業」と「付随作業」に分かれることになる。

このうち「ムダ」はすぐに省く必要があり、改善はここから進めることになる。難しいのは「付随作業」だ。

付随作業とは、現在の作業条件ではやらなければならないもので、たとえば離れた場所にある部品を取りに行ったり、部品の包装を解くなどだ。

営業社員であれば、お客さまを訪ねるための移動も付随作業だ。

これらを「仕方ない」で片づけるのでなく、「もっと良い方法は?」と考えながら改善をすることで、ムダをなくし、付随作業を減らし、正味作業を増やしていくのがトヨタ式ムダどりの基本である。

第39話

「たとえば…」をつけて質問すると、真の問題が発見できる

「聞く」「聴く」「訊く」の3つを駆使して、問題やムダを発見せよ

企業の経営者が自社工場や営業所を訪ねて「何か問題はないか?」と聞けば、たいていの場合「問題ありません」と返ってくる。

しかし、ベテランのトヨタ社員に言わせれば、「問題のない現場など1つもない。ないとすれば見えていないか隠しているだけだ」となる。

「みる」には「見る」「観る」「診る」の3つあるように、トヨタ式では「きく」にも「聞く」「聴く」「訊く」の3つがある。

トヨタ社員のAさんが協力会社を訪ねた時の話だ。工場を見て回りながら、ライン長など現場の人たちに「問題はありませんか」と尋ねると、誰もが「順調です」と答えた。

そこで、Aさんが再度、「どんな小さなことでもいいから問題やムダがあれば挙げて下さい」と聞くと、「2~3あります」という答えが返ってきた。

さらにAさんが、「たとえばこんな問題やムダはありませんか」と聴くと、多くの問題

問題のない職場はない

やムダが挙がってきた。

加えてAさんが「なぜあのやり方をしているのですか」「品質や不良についてはどうですか」と訊いていくと、100を超える問題やムダが挙がってきた。

このようにどんな現場、どんな企業にも改善すべき問題やムダはたくさんある。

にもかかわらず「問題はないか？」と質問されて、「問題ありません」と答えるのは大いに問題があるということだ。

問題やムダを見つけるためには「みる」力や「きく」力を高めるとともに、**「問題やムダはあるのが当たり前。ないほうが問題だ」という意識で臨むことが大切なのだ。**

第40話 自分が「当たり前」と思っていることこそ見直す

規則や前例に縛られるな。常識を疑え！

仕事をしていくうえで知識や経験は大切だ。しかし、新しいことにチャレンジする時は、経験や知識が妨げになることもある。

元トヨタ社員のAさんがある日、繊維関係の仕事をしている経営者から相談を受けた。「仕事はそれなりに忙しくやっているのに利益が思うように伸びなくて経営が大変だ」という相談だ。Aさんは早速、経営者の会社を訪ね、工場を見せてもらうことにした。

たしかに工場はそれなりに稼働しているし、生産も順調だった。

ところが、倉庫に足を運ぶと、原料の糸が大量に積み上がっていた。

Aさんが「随分たくさんの在庫ですが、糸はこんなに必要なのですか？」と尋ねると、経営者は何ヶ月分もの在庫を持つのは業界の常識であり、在庫がないと生産に支障をきたすからと答えた。

そこで、Aさんが「糸は注文したら、どのくらいで入ってくるのですか？」と尋ねると、

「当たり前」のなかにムダが潜む

担当者から「早ければ1日、遅くても2～3日あれば」という返事が返ってきた。

「2～3日で入るのならこんなにたくさんの在庫を抱える必要はありませんね。在庫をすぐに見直したほうがいいんじゃないですか？」

とアドバイスすると、経営者は驚いていた。

時にイノベーションが業界外の人によってもたらされるのは、業界の常識を疑う姿勢があるからだ。

知識や経験に縛られ過ぎると新たな発想は生まれず、ムダも固定化しやすい。

自分が当たり前と思っていることに、「なぜだろう？」「本当にこれでいいのか？」と問いかけてみるといい。そこにムダを省き、革命を起こすヒントがあるかもしれない。

第41話

「汗をかく」のではなく、「汗をかかなくても楽になる」働き方

「どうすれば楽になるか」をいつも考えよ

トヨタ式に「動きを働きにする」という言葉がある。

要約すると成果につながる動き方をしなさい、という意味だ。大野耐一氏は、部下を見る時の心得についてこう語っていた。

「部下がいかに汗をかかずにうまくつくるかに知恵を働かす。現状に満足したり諦めたりせず、『もっと良い方法はないか』『もっと楽な方法はないか』という見方でムダを省き、動きを働きに変えなければならない」

ある日、大野氏が協力会社の工場長と現場を歩いていると、ある場所で1人の社員が重いエンジンブロックを汗びっしょりかきながら持ち上げていた。工場長は「ご苦労さん、がんばっているな」と満足げに声をかけたが、大野氏はこう質問した。

「なぜ彼はエンジンブロックを持ち上げているのか？」

調べると、ローラーコンベアが壊れ、すぐに修理ができないので、仕方なくブロックを

「がんばる」＝「働く」ではない

持ち上げているということだった。大野氏は工場長をこう叱咤した。

「そんな仕事をさせてどうする。ブロックを持ち上げるのは本来、人間の仕事ではない。それを『がんばっている』とはどういうことか。似たようなことがないかすぐに調べろ」

工場長が部下に調べさせると、似たような事例が3つもあった。大野氏はこう叱った。

「お前たちの仕事は、部下に汗をかかせることではない。汗をかかなくても楽にできるように、どうすればできるかを考えるのがお前たちの仕事だ」

ムダな「動き」を、いくら積み重ねても成果にはならない。

大切なのは、ムダな動きをいかにして「働き」に変えていくかを考えることだ。

第42話 「三ム」は「ムラ」→「ムリ」→「ムダ」の順番で退治する

「ムラ」があるから「ムリ」をして「ムダ」が出る

「ムリ、ムラ、ムダ」という言い方がある。

企業のなかにある「三ム」を退治することの大切さを説いた言葉だが、**トヨタ式では「ムラ」「ムリ」「ムダ」の順番で退治することにこだわる。**

「ムダ」には必ず「真因」があり、真因を潰すことで「ムダ」をなくすことができるからだ。

ある自動車整備工場は、整備士の数も多く、設備も整っているにもかかわらず、納期の時間に遅れることがしばしばあった。

このままではお客さまとの信頼を失ってしまうと考えた社長は、知り合いのトヨタ社員に相談した。すると、こう質問された。

「いつも約束した時間に遅れるのですか?」

社長は、考え込んだ。ほとんどの場合、約束の時間に遅れることはない。

にもかかわらず、遅れる時には大幅に遅れてしまう。そこで、トヨタ社員はこうアドバイスした。

「ムラ」を退治しないと「ムリ」が出て「ムダ」になる

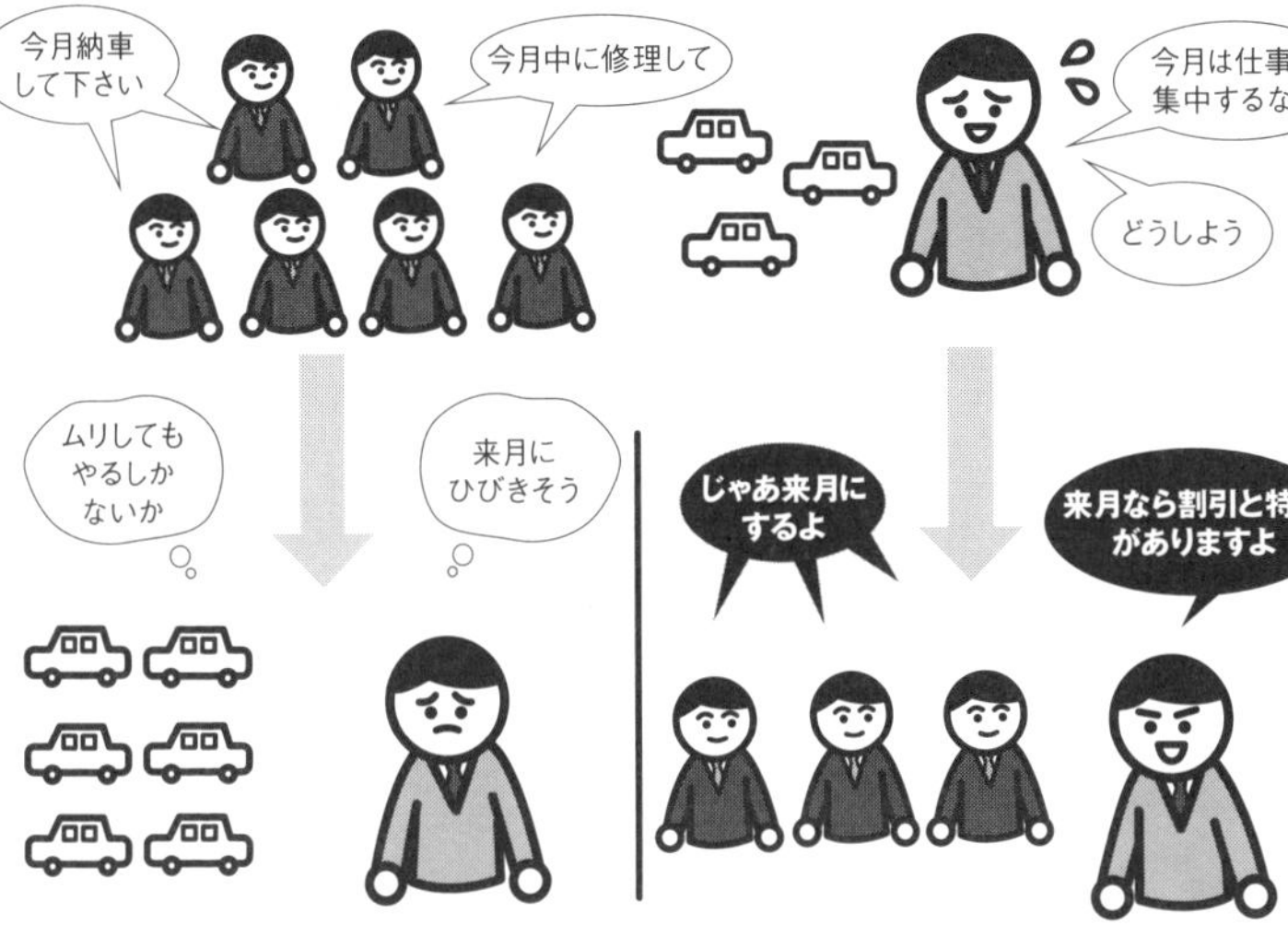

「仕事の受け方にムラがあるのでしょう。だから、極端に暇な時期とみんながムリをしてがんばっても約束を守れない時期ができてしまう。それでは信頼を失うだけでなく、人や設備にもムダが出ます。注文の受け方を工夫したり、納期を考えてみましょう」

この自動車整備工場は、典型的な「ムラがあるとムリをして、ムダを生む」という構造になっていた。

そこで社長は受注のムラを防ぐ対策をいくつか打った。その結果、社員の負担も減り、お客さまに迷惑をかけることも少なくなった。

ムダやムリには必ず原因がある。

大元を解決して初めて「ムダ」をなくすことができる。

第43話

残業しても成果が上がらない時は、定時で帰ってみる

多過ぎる残業には、必ず原因がある

ある企業経営者Aさんが、開発部門のリーダーを務めていた時のことだ。

その開発部門は長く赤字続きで、Aさんがリーダーになった時も赤字に苦しんでいた。

Aさんは赤字体質から脱却しようと、部下たちと一緒に毎日夜遅くまで残業をし、土日も休日出勤をしてがんばっていた。

しかし、一向に赤字体質から抜け出せなかった。

「こんなにがんばっているのになぜ好転しないのか?」がみんなの疑問だったが、そんなある日、Aさんの上司が、Aさんにこんなアドバイスをした。

「そんなに一生懸命働くから、赤字になるんだ。仕事をするのをやめたら黒字になるよ」

最初は「残業代を減らせ」という嫌味かと思ったが、部下の1人がこう言った。

「がんばり過ぎるのをやめて冷静になれ、ということじゃないですか」

そこで、Aさんたちは、残業をやめて定時

がんばり過ぎるのをやめてみる

で帰るようにした。休日出勤もやめにした。

すると、それまでは「こんなにがんばっているのに」という焦りや疲れから見えなかったさまざまなものが見えてきた。

たとえば、ライバルに勝てない原因が、スピードの遅さにあることもわかった。

Aさんたちは開発のスピードを上げることで、ライバルとも互角に戦えるようになり、黒字も実現できるようになった。

必要なのは**「もっとがんばる」ではなく、「どうすれば勝てるか」を冷静に見つめ直すこと**だ。

多過ぎる残業には必ずその原因がある。原因をつきとめて改善すれば、長時間残業というムダも必ず改善できる。

第44話

「もうムダはない」と思った瞬間から、真のムダどりが始まる

ムダには、「見えやすいムダ」と「見えにくいムダ」がある

トヨタ式ムダどりを始めた当初は、みんなが一生懸命ムダどりに励むことになる。

実際、「どこかにムダはないか?」という目で見れば、至るところにムダはある。

しかし、問題はその先にある。

ムダどりを半年も行い、整理整頓も落ち着いてくると以前ほどに「ムダ」が見えなくなってくる。

ムダにも、「見えやすいムダ」と「見えにくいムダ」があるからだ。

たとえば、たくさんの在庫を抱えている企業であれば、トヨタ生産方式に変えた途端、不良在庫が一気に減るからムダがわかりやすい。

ところが、もともと在庫をあまり持たず「必要な時に必要なものを必要なだけ」つくってきた会社では、さらにムダを見つけるのは、なかなか大変だ。

つまり、ムダの多い会社はムダが見えやすいのに対し、ムダが少ない会社は、「そこに

「もうムダはない」と思った時が、ムダどりのスタートライン

あるムダ」が見えにくくなるのだ。

だからこそ、ムダどりで気をつけるべきは、**みんなが「もうムダがない」と思い始めた「ムダの踊り場」をいかに乗り越えるかにある。**「もうムダはない」とみんなが思い始めた時こそ、**「今の仕事をもう少し早くできないかな」「今の仕事をもう少し質を上げられないかな」「もっといい道具はないのかな」と考えてみることだ。**

そうすれば、ささやかでもムダに気づくし、改善すべき点も見えてくる。

ムダの踊り場を乗り越えるためには、「より良く、より早く、より安く」を追い求める気持ちが何より大切なのだ。

第45話

「集中しろ」「気をつけろ」は、効果のないムダな言葉

ミスしたくてもできない現場にせよ

仕事でよくミスをする社員や、同じミスを繰り返す社員に対して、「集中してやれ」「ミスをしないように気をつけろ」と言うだけになってないだろうか。

トヨタ式は、ミスに対してその真因を調べて改善を行うことで二度と同じミスが起こらないようにするやり方・考え方だ。

かといって、人間である以上、どれほど経験を積み、習熟度を高めてもミスをゼロにするのは難しい。

しかも、現実には考えながら、選びながら、判断しながら作業をしているわけで、掛け声だけでミスを根絶するのは不可能だ。

そこで、ミスを防ぐには**「人に優しく、人に易しい」工夫の数々が欠かせなくなる。**

たとえば、必要な部品がバラバラに並べられたうえに一度に送られてくると、作業をする人は注意して作業をする必要があるが、必要な部品が「取ってつけるだけ」の状態でタイミングよく送られてくれば、ミスは大幅に

「人に優しく」「人に易しい」工夫をする

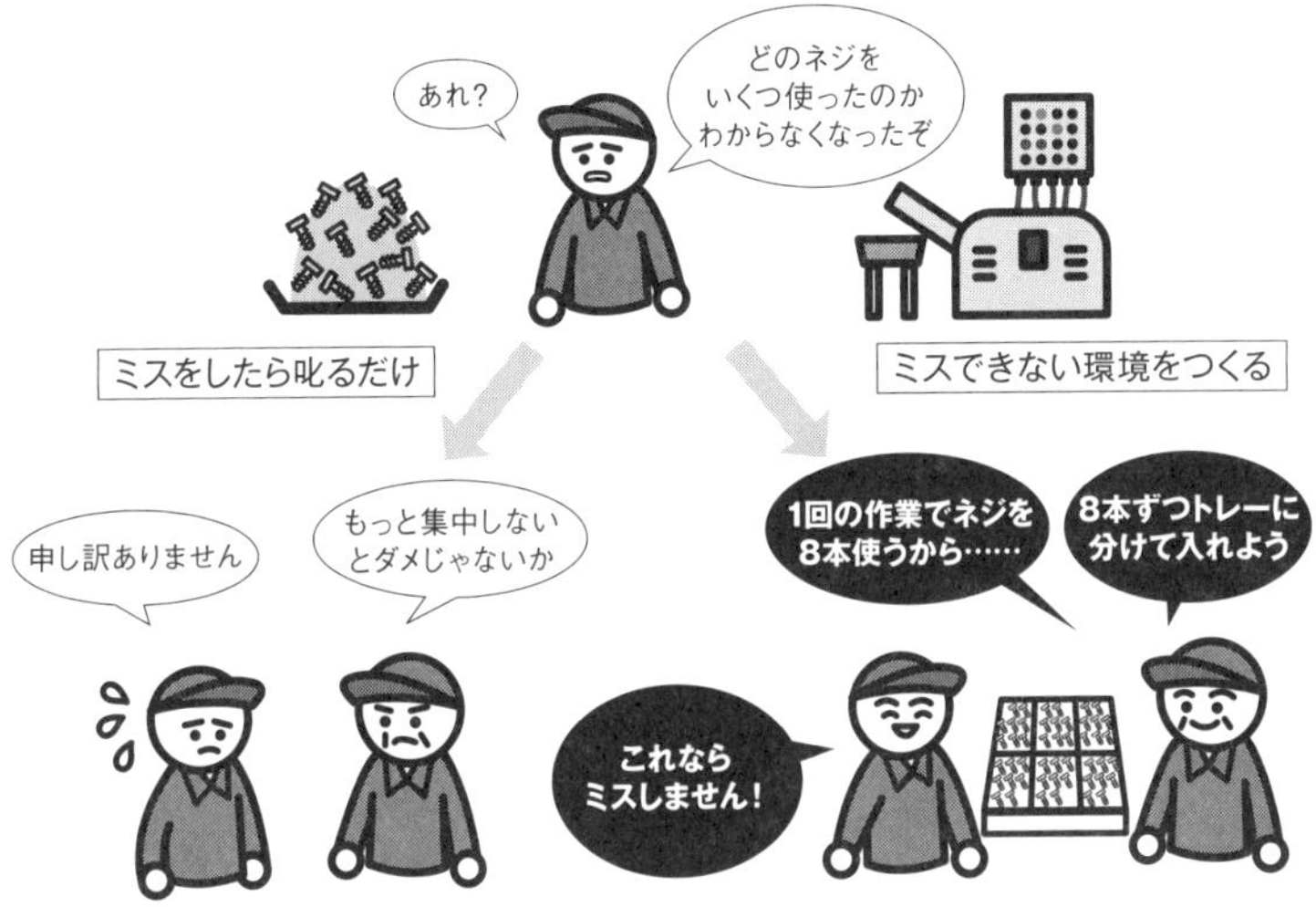

減らすことができる。

8ヶ所のネジを締める作業も、何十個のネジ山の中から8つ選んで締める作業なら、ミスを起こす危険性が高くなる。

しかし、必要な8個だけタイミングよく届けられれば、1個でも残っていると締め忘れに気づくため、ミスが減る。

このように、**「ミスをしたくてもできない」ようにする。**

「なぜミスをするのか」という真因を調べたうえで、「ミスをしたくてもできないほどの改善」をする。

「集中しろ」「気をつけろ」ほど、ムダな言葉はない。

第46話

ムダに気づく目は、こうして養う

「この」2つの習慣を身につければ、ムダは向こうから飛び込んでくる

ムダに関して、世の中には2通りの人間いる。

ムダにまったく気づかない人と、ムダに気づいたにもかかわらず放っておく人である。

前者は「ムダとは何か」を教えることで、何とかなる。

しかし、後者は、ムダに気づいても気づかないふりをしているから、いつしかムダそのものに気づかない人になってしまう。

そうならないためには、どうすればいいのか。

たとえば現場を歩きながら、**常に「なぜ」と問いかける習慣をつけることだ。**

ムダどりの達人である大野耐一氏は、こう言っている。

「ムダを排除するには、ムダを見つける目を養う。見つけ得たムダの排除を考える。これの繰り返しである。いつまでも、どこまでも、倦《う》まずたゆまず」

トヨタ中興の祖と呼ばれた元社長の豊田英

「なぜ」はムダを見つける魔法の言葉

二氏もこう言っている。

「問題は目の前に転がっている。転がっているやつを問題として見出して取り上げるかどうかはやっぱり習慣だ。習慣がつくと何でも気になる。探すのではなく、転がっているやつを拾う」

現場を見ながら、「なぜあのようなやり方をしているのだろう?」「なぜあそこにものがあのように置かれているのだろう」などと、常に自分に「なぜ」を問い続けることだ。

日々「なぜ」と問いかけ、「もっと良いやり方はないかな」と考える習慣と、ムダに気づいたなら「すぐに」行動するという2つの習慣をもつ。

そうすると、ムダは向こうから飛び込んでくる。

第47話

「会議」というムダな時間を、3分の1に減らす方法

ムダを省くための会議が、残業の原因になっていないか？

多くの人が「ムダだなあ」と感じながらも、なかなか改善できないでいるものの1つが「会議」だ。

企業経営者Aさんがグループや自社の会議について調べたところ、役職や職種によって違いはあるものの、「ビジネスパーソンは全労働時間の3割を会議に費やしていた」という。

会議によってものごとが迅速に進むならそれもよいが、だらだらした会議、多過ぎる会議は、人とお金と時間のムダ遣い以外の何物でもない。

会議のムダを管理職時代に嫌というほど経験してきたAさんは、社長になるとすぐに次のような改善策を打ち出した。

1、**すべての会議室から椅子を撤去して、「立ち会議」に変更。**

2、**「～と担当者が言っています」などの「自分の意思のない意見」は禁止、自分の意見を自分の言葉で言うように指示。**

会議にはムダがいっぱい潜んでいる

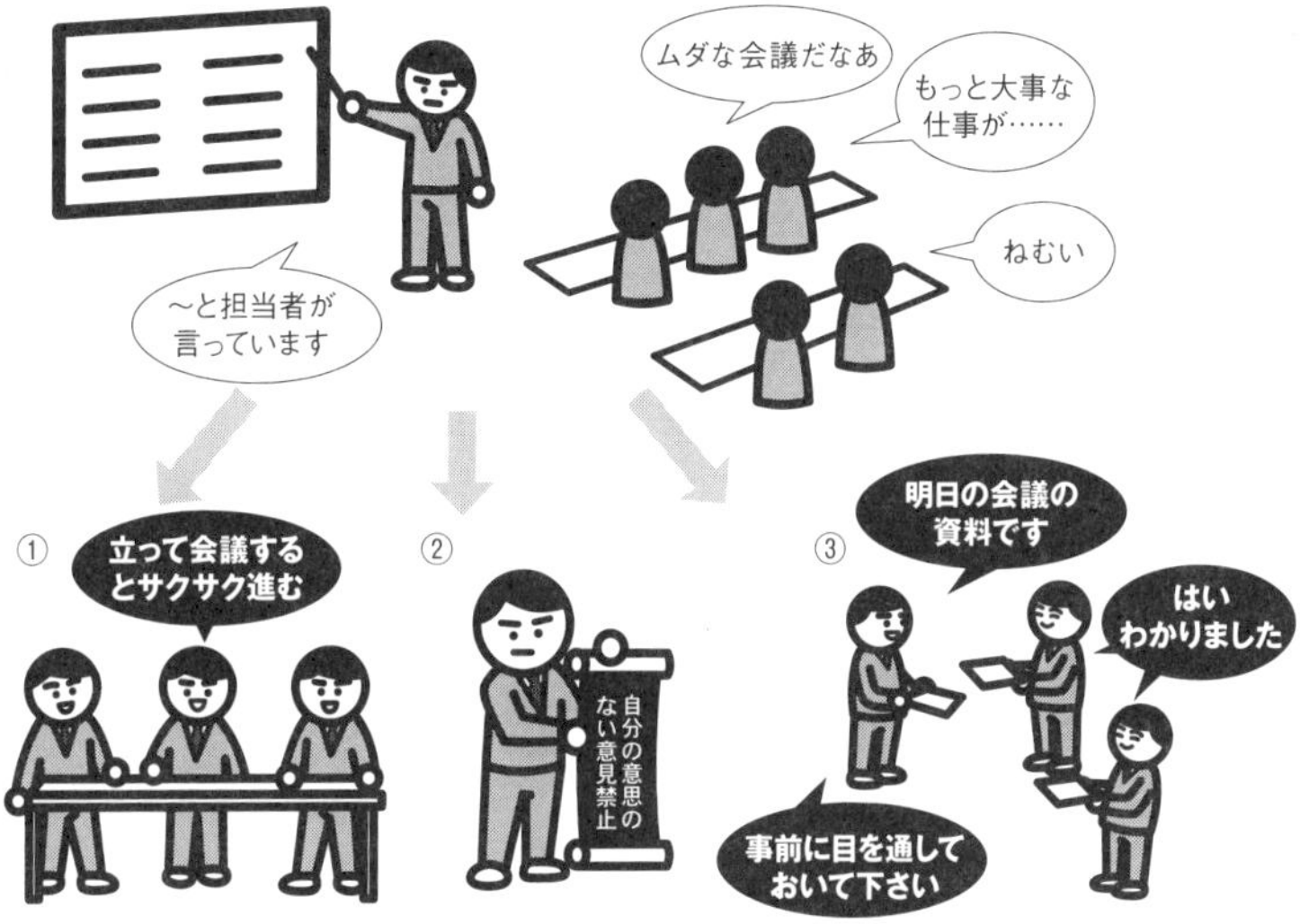

3、**資料は事前に要約したものを配布して、会議は「読んでいる」ことを前提に進める。**

こうしたやり方に変更した結果、会議の時間を、約3分の1にまで短縮することができたうえ、会議そのものの回数も減らすことができたという。

最近では仕切りのないオープンフロアのオフィスが増えたこともあり、決めるべきことがあれば関係者に「集まって」と声をかけて、その場で決めてしまう企業も増えている。

あなたの会社は、ムダを省くための会議に、長い時間をかけていないだろうか？

会議やミーティング、発表会そのものに「なぜ？」を問いかけることも大切なムダどりである。

第48話

時に大胆なムダどりに挑戦し、スピードを飛躍的に向上させる

「こんなの無理だろう」という課題に挑戦することで、自分を成長させる

ある企業が、開発部門の人数を半分にできないかと考えたことがある。

生産部門は、トヨタ式をベースとする生産改革や日々の改善によって「より安く」を実現していた。

しかし、間接部門の改革は手つかずで、せっかく生産部門がコストを下げても、会社トータルではコストがあまり下がっていなかった。

そこで、「これなら同業他社に絶対に負けない」コストを実現するために決めたのが、間接部門の人数半減だった。

最初に手掛けたのは、整理整頓を含め、仕事のなかにあるたくさんの「ムダ」を徹底して省くことだった。

たとえば、「Aさんにしかできない仕事」をなくすために徹底して標準化を進め、できるだけ多くの人がいろいろな仕事をできるようにした。多能工化である。

そのうえで、人を半分に減らした。

「こんなの無理」を思い切ってやってみる

最初は不慣れなため残業があったが、応援部隊を出して仕事をこなした。

そして、「なぜ残業が必要なのか?」を1件1件真因を調べて改善を進めていった。

その結果、半分の人間で遅滞なく仕事をこなせるようになった。

仕事の効率化、スピード化を図るうえで「ムダどり」は欠かせない。

しかし、**飛躍のためには「えっ、こんなの無理だろう」というほどの課題に挑戦することも必要だ。**

日々、小さなムダどりを積み重ねつつ、時に大きな課題に挑戦する。

そうすることで人も企業も成長できるし、大きな成果を上げることもできる。

『やる』と決める

トヨタ自動車工業元社長

豊田《とよだ》 英二《えいじ》

(1913 ～ 2013)

豊田英二は豊田佐吉の甥で、東京帝国大学を卒業したのち、トヨタ自動車の創業に関わった。１９６７年からトヨタの社長を務めたが、特筆すべきは世界で４７００万台売れた「カローラ」の開発を主導し、日本にモータリゼーションを起こしたことである。

英二が入社した頃のトヨタは、「本当に日本で自動車がやれるかやれないか」すらわからない状態だったが、英二がトヨタへ入社するのを決めたのは「いい自動車をつくたい」その一心だった。

英二によれば、多くの人が「難しいのでは」と考える難事を成し遂げるには、「自分でまずやると決める」ことだという。

「一度『ダメだ』という答えを出してしまうと、その後は、見直して、やれる方法はないかと探すより、ダメという資料ばかり集めてくる。自分でまず『やる』と決める。その後検討するものは、『やれるかやれないか』ではなく、『どうやるか』だけなんです。やるという強い意欲で、壁を突き破って前へ行く道を見つけ出す」

迷ったら「やる」と決めればいい。そうすれば「どうすればできるか」を懸命に考えるようになるのだ。

第5章

トヨタ式

すぐやる人になれる「A3一枚」の資料整理術

第49話

トヨタでは、なぜ資料をA3一枚にまとめよと言われるのか？

分厚いだけの資料は、読む人の「時間を奪う」だけ

資料には、つくった人の力量が現れる。

そして現場が本当に必要としているのは、少ない枚数で要点が的確につかめる資料である。

アップルの創業者スティーブ・ジョブズは若い頃、ＩＢＭが提示した１００ページを超える契約書をゴミ箱に放り投げ、「俺と話をしたいなら数枚にまとめてこい」と言い放ったという。

また、１９８０年代にＧＥを最強企業へと変身させたジャック・ウェルチは名門企業にありがちな書類の山が大嫌いで、「１ページ以内にまとめろ」「立派な本にする必要はない」と言い続けた。

そして、長々としたプレゼンテーションを好む社員にはこう言い放った。

「企画書のことなど顧客はまったく知らない。スライドに映すグラフの準備に何週間かけようと、市場は気にも留めないだろう。外に出かけて商売をしてこい」

書類はA3 一枚にまとめる!!

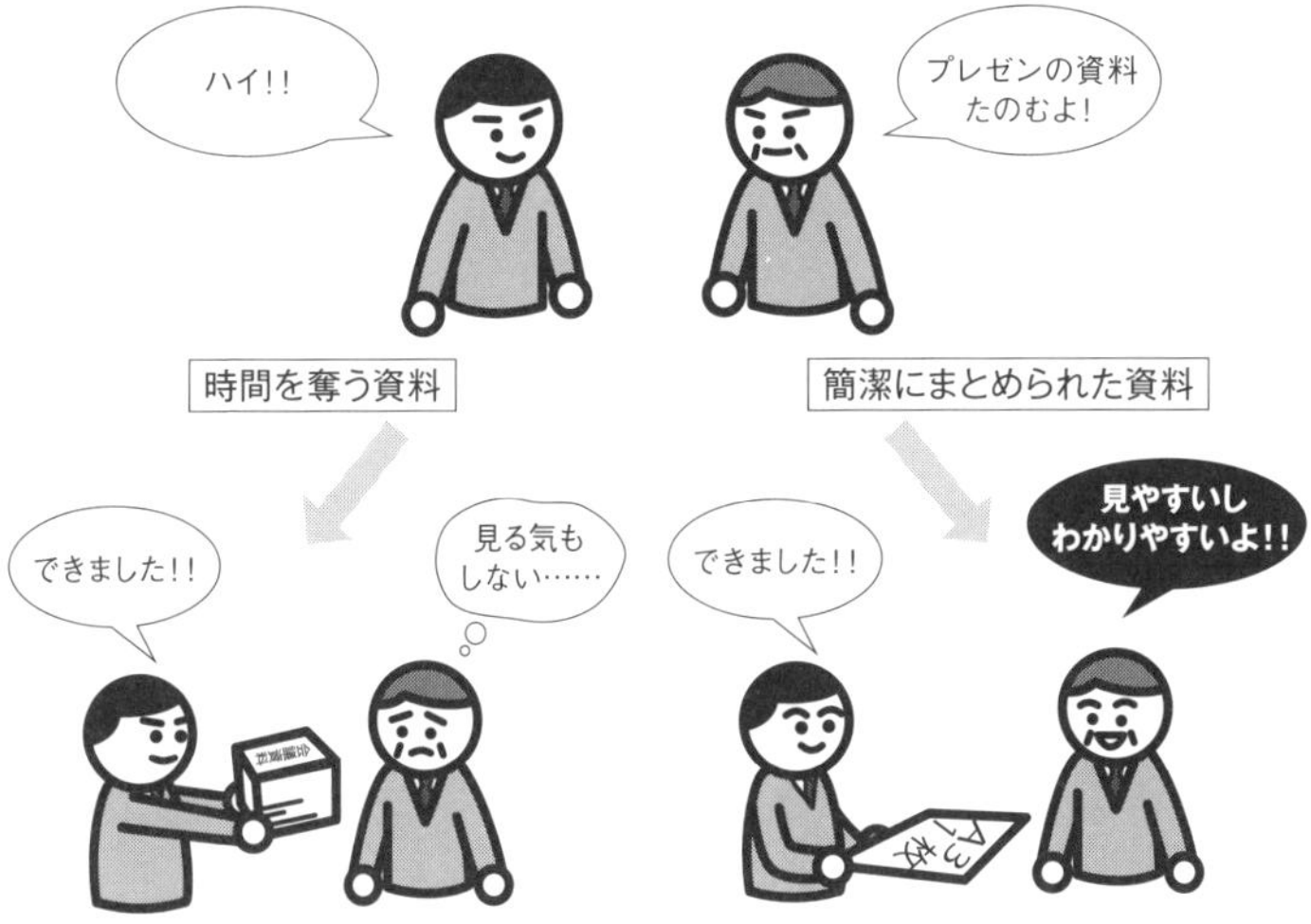

大切なのは、書類を分厚く豊かなものにすることではない。

自分の思考を整理して、とことん考え抜いた言葉と数枚の資料でみんなを説得することだ。

トヨタ式にも、「書類はＡ３一枚にまとめろ」という鉄則がある。

その理由は、Ａ３一枚になるまで考え抜けということだ。結果、簡潔に要領よくまとめられた資料は、読む人の時間を奪うことなくスピーディーな判断を促すことになる。

分厚い資料はつくり手の時間を奪い、読む人の時間も奪うことになる。

分厚い資料はムダを省いたスピーディーな仕事を進めるうえで邪魔であり、簡潔なＡ３一枚こそが不可欠なのだ。

第50話

トヨタの書類、A3一枚に書かれている内容とは?

「トヨタ式 考える力」を養う最善の手段

先にも紹介したが、トヨタには、書類は「A3サイズの用紙一枚に簡潔にまとめるべし」という不文律がある。

トヨタがA3一枚にこだわるのは、2つの理由からだ。

1つめは、書類を読む上司がひと目で内容を理解できるため、時間のムダがなくなり、判断のスピードが速まること。

2つめが、A3一枚という制約のなかで要点をまとめるには、トヨタ式のあらゆるノウハウを駆使する必要があるからだ。

また、A3一枚にまとめる時のポイントは大きくわけて5つ。

①「目的・経緯」…取り上げる問題の骨子を簡潔に記入して、問題の背景やこれまでの経過、その意義や重要性を述べる②「現状把握」…問題の特徴を明らかにするべく「現地現物」によって現場の情報を正確に把握する③「要因解析」…問題の主な原因を分析するべく「なぜを五回繰り返す」など真因追求へ

トヨタ式A3一枚に書かれている内容

取り組む④「対策」…③で明らかにした真因を取り除くための方策を記入し、「目的は1つ、手段はいくつもある」といくつもの対策を考え比較検討する⑤「実行スケジュール」…対策を実施するための行動計画をまとめ、「いつまでに、誰が、何を」を明確にする。

つまり、「A3一枚」にまとめるためには、トヨタ式のあらゆる手法を駆使して行動し、考え抜くことが大切になる。

もし、そのいずれかを怠れば書類は矛盾だらけのものになるだけに、この書類術はまさに「トヨタ式考える力」を養う最善の手段となっている。

第51話

「いらない資料かな」と思ったら、今すぐやめる

なぜ、誰も読まない資料をつくり続けてしまうのか

ビジネスマンにとって「書類をつくること」は、仕事のかなりの部分を占めている。

間接部門の人であれば、生産部門や営業部門からあがってくる報告書をまとめる仕事もあれば、上司に提出する資料や企画書、会議で使う資料などをつくる仕事もある。

いずれも大切な仕事、その労力たるや大変なものだが、書類が多過ぎて現場に出る時間がなくなっては本末転倒だし、つくった資料がムダになってしまうこともある。

20年ほど前に株式を公開したA社のトップは、当初は株式の売買数が気になり、ある部門に頼んで、各証券会社の売買株式数量を報告してもらっていた。

しかし、その後は関心がなくなり、資料を求めることはなかった。数年後、その部門の責任者が変わった際、新しい責任者から「社長、最近売買株式数量の報告書をご覧になっていないようですが」と聞かれたトップは、「まだつくっていたのか」と驚いたという。

ムダな資料はつくらない

このトップにも問題があるが、この経験を経て、こう社員に呼び掛けた。

「今回のように実は誰も読まないとか、もう使うことのない資料の作成などをやり続けてはいないでしょうか? その仕事をやめてもほとんど影響がなかったり、やめることによって一気に合理化が進むこともあると思います。是非『この仕事をやめたら、どんな影響が出るだろうか』という目で職場をよく見まわしてください」

仕事というのは一旦誰かがやり始めると、その後は代々引き継がれていく傾向にある。

しかし、なかには「もはやいらない」と言えるものもたくさんあるはずだ。

時に仕事の棚卸をすることも、ムダな書類・仕事をなくすためには必要なのだ。

第52話

「伝わらない」は、「伝え方に問題がある」

本当に理解していれば、「誰にでもわかる」ものになる

資料とは少し違うが、かつて家電製品などについていたマニュアルは分厚くとてもわかりにくいものだった。

それに我慢ならなかったのが、アップルの創業者スティーブ・ジョブズだ。

ある日、アップルのライターの1人が「高校3年生でも読めるように書かないとね」と言ったところ、ジョブズはこう反論した。

「いや、小学1年生が読めるようにすべきだ。いっそ小学1年生に書いてもらった方がいいかもしれないな」

こうして、アップル製品の多くはマニュアルなしで使いこなせるようになった。

一方、「世界一の投資家」ウォーレン・バフェットは、自社の株主向けに年次報告書を自ら書くことで知られている。

その際、バフェットがいつも意識するのはビジネスオンチではないが、専門家でもない自分の姉が読んで理解できるか、だという。こう話している。

小学生でもわかるように伝える

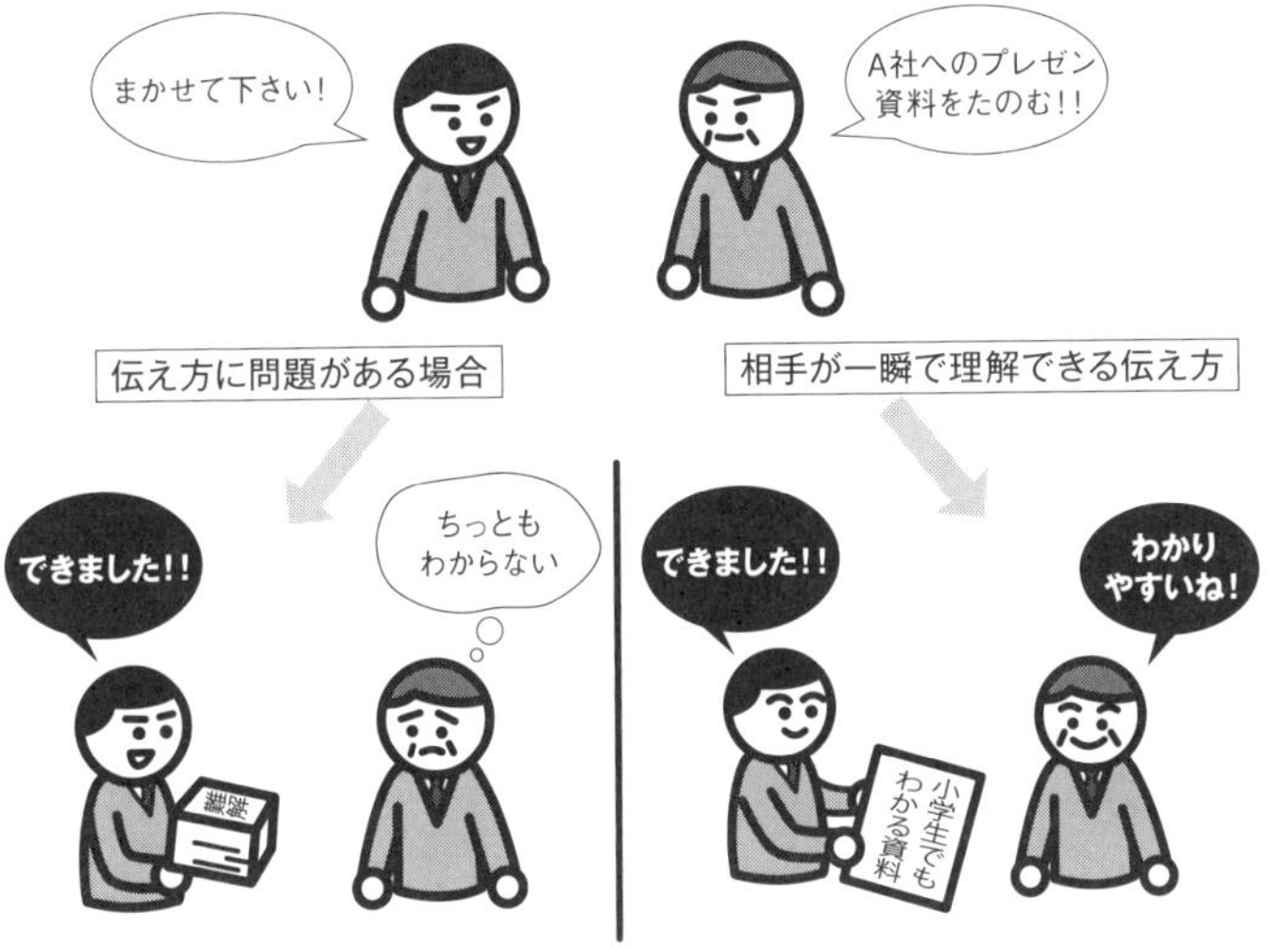

「どんなことであれ、自分が本当の意味で理解しているのなら、他人が理解できるように表現できるはずだ」

資料の作成者のなかには難しいことを書いて、「理解できないほうが悪い」と相手を責める人がいるが、**「伝えたことが相手に伝わらない」のは「伝え方に問題がある」と考えることだ。**

トヨタ式が「Ａ３一枚」で資料を作成するのは、読む人がパッと見て要点をつかめるようにするためだ。

要点がパッとつかめれば、それに対する判断も素早く出すことができる。

そのためにも、しっかりとした分析や理解こそが大切なのである。

第53話

目標は「見える化」すると、達成率が上がる

せっかくつくった書類なのだから、上手に利用されるものにせよ

トヨタ式の書類のまとめ方には特徴があるが、つくった書類の使い方や見せ方にも1つの特徴がある。**社内にたくさんの図表やグラフ、文書などが貼りだされていることだ。**

トヨタ式を実践しているある企業の工場には、社員がどんなことができて何に挑戦中かといった「能力の星取表」や技能の修得状況、改善提案の実施状況などが来訪者にも見えるところに貼りだされている。

さらに驚くのは、その工場では働く社員全員の「今年の目標とその達成状況」まで貼りだされていることだ。これらは本来、外部の人みんなに見せるものではない。トップに「ここまでやって嫌がらないんですか?」と尋ねたところ、こんな答えが返ってきた。

「目標というのは書いて終わりのところがありますが、それではダメで、毎日、目にしていると自然と『やらなければ』という気持ちになりますから」

この企業でも以前は提出された目標をコン

書類の「見せ方」で目標達成率は変わる

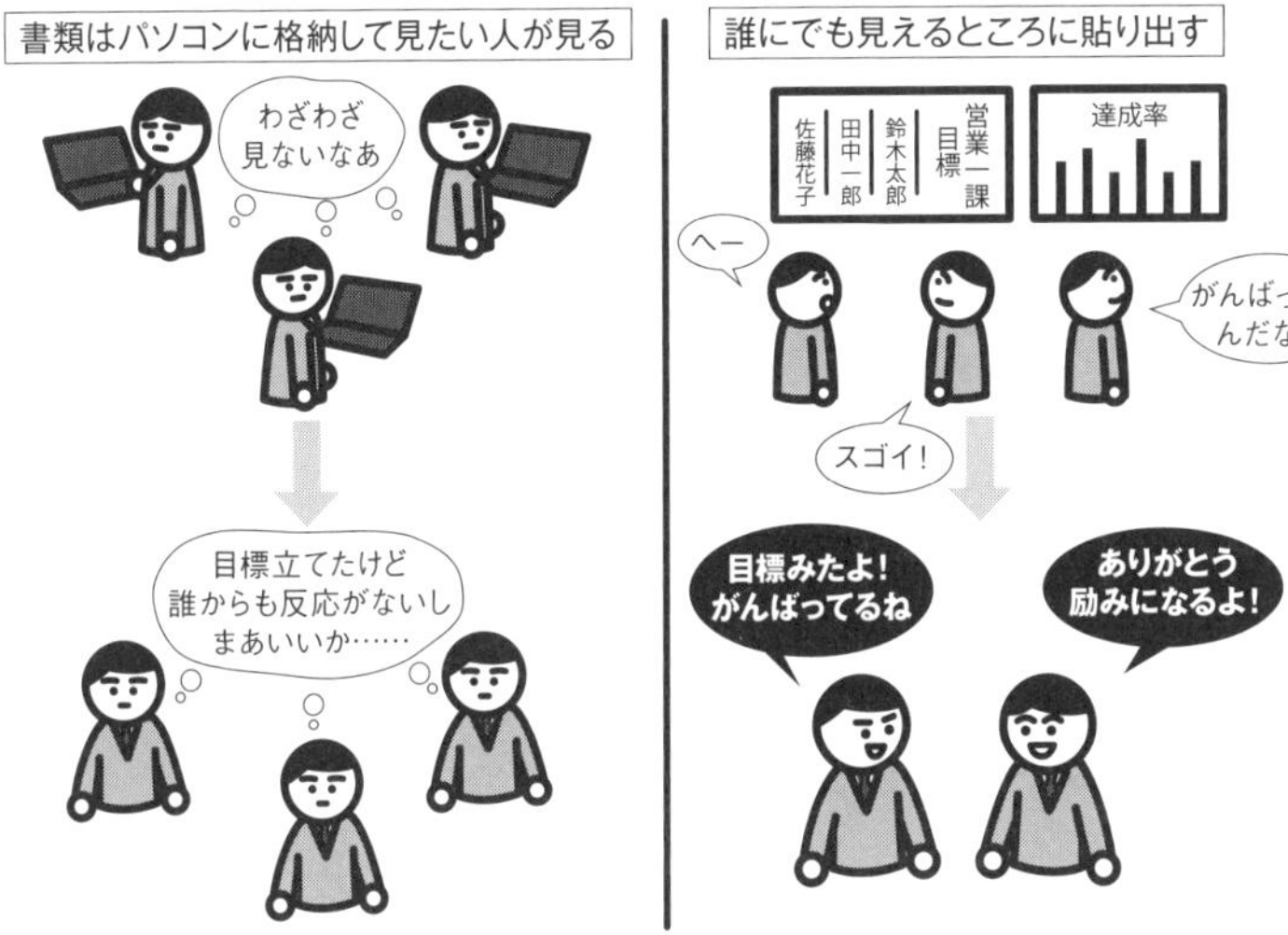

ピュータに入れて、見たい人が見れるようにしていた。しかし、実際に見る人はほとんどいなかった。そこで、目標をすべて貼りだしただけでなく、名札の下にも小さく書きこむようにした。するとそれを見た人たちが、「彼はこんな目標をもっているんだ」と気づき、声をかけるようになったという。

つまり、**「目標の見える化」**だ。

トヨタ式では「改善の最大の報奨はお金ではなく真剣に聞くことである」と言うが、目標なども周りの人たちの関心や励ましこそが実行への原動力となる。

書類などを作成する時、最も大切なのは「つくったあと」である。せっかくつくった書類なら、上手に利用することを考えたいものである。

第54話

仕事の失敗は、「記憶」ではなく「記録」に残しておく

「失敗」を「財産」に変えるトヨタ式「失敗レポート」

仕事をしていれば、時に手痛い失敗をすることもある。そんな時、どうしているだろうか？「二度と同じ失敗はしないでおこう」と心に刻むだけですませていないだろうか。

失敗は早く忘れたほうがいい時もあるが、こと「仕事上の失敗」に関しては「心に刻む」だけでは「財産」にもならないし、成長の「糧」にもならない。

トヨタでは失敗をしたなら、**「なぜ失敗したのか」という原因を調べ、「どうすれば失敗を防ぐことができるか」をレポートとして残すことが習慣になっている。**

これが、トヨタの「失敗のレポート」というものだ。

昔、若いトヨタマンAさんが、開発に必要な工作機械をアメリカに注文したことがある。

正式な手続きを経ての発注だったが、いざ届いてみると問題があることがわかった。

「しくじった」と思って上司に相談したとこ

失敗は「記録」することで「財産」となる

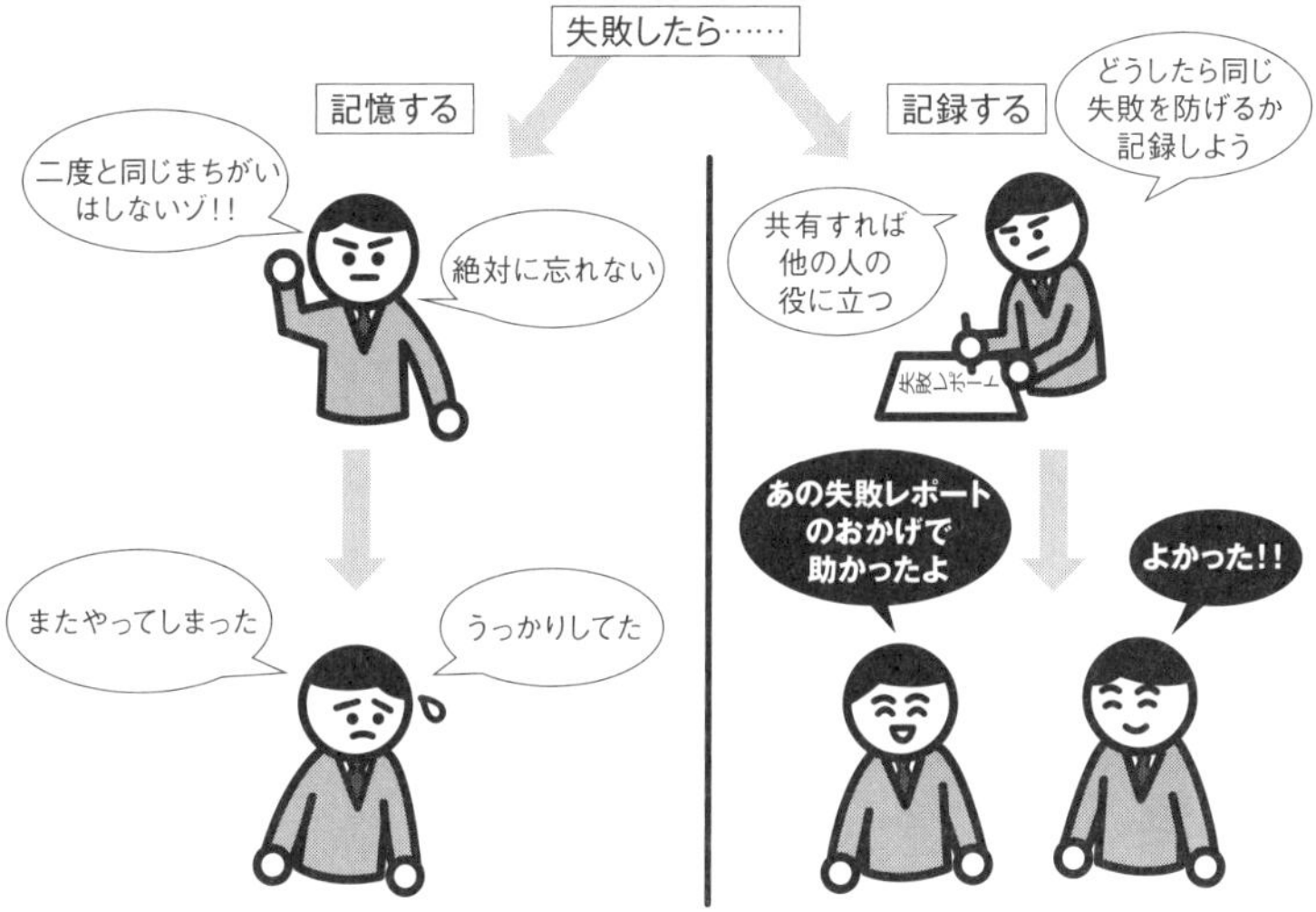

ろ、上司からは「お前がいいと言ったんだからお前が何とかしろ」と突き放されてしまった。

　そこで、開発の責任者でのちにトヨタの社長となる豊田英二氏に、1人で謝罪に赴いた。

　厳しい叱責を覚悟していたが、英二氏から「機械の問題点の理屈はわかったのか」と尋ねられ「わかりました」と答えると、「わかればいい。その失敗はお前の勉強代だ」と言われて終わった。ただ、最後に英二氏は、「失敗のレポートを書いておけ」とつけ加えることも忘れなかった。

　レポートを書くことは、失敗した本人にとっても貴重な教訓になるし、それを見ることで他の人たちも1つの失敗からたくさんのことを学ぶことができる。励行しよう。

第55話

報告書は「見せるだけ」でなく、「使えるもの」にする

報告書を「見せる化」だけで終わらせない

ある鉄道会社が日々、運転士や車掌さんたちが感じた「ヒヤリハット」を報告書にまとめ、会社の掲示板に貼りだすことにした。

ヒヤリハットとは、日常的に「ここは危ないな」とか「ここは注意が必要だな」とヒヤリしたり、ハッとした体験のことを指す。

大きな事故の背後には、何百ものヒヤリハットがあるといわれている。

同社のヒヤリハット情報は、最初はたくさんの情報が集まり、掲示板も賑《にぎ》やかだったが、やがて貼られる枚数が極端に減ってしまった。

なぜなら、情報を集めるだけで何の改善も見られなかったからだ。

これでは忙しい合間を縫って、報告書を書く意味はない。

そんなやり方を見たトヨタ出身の役員が「これは『見える化』じゃあなくて『見せる化』だ。問題を改善する気がないなら、こんなもの貼る意味がない」と指摘したことで流れは

情報は「見せるだけ」では意味がない

変わった。

ヒヤリハットの報告書に、会社側の「対策」と「いつまでに」が書きこまれ、できるものから改善されるようになったのだ。

報告書というのは書くだけ、見るだけが目的ではない。

重要なのは、報告書に書かれていることをきちんと生かすこと。

それを怠ると、せっかくの「見える化」も「見せる化」になってしまう。

報告書の体裁を改善するなら、その活かし方も同時に改善することが欠かせない。

報告書を「つくるだけ」ではなく、「使えるもの」にすることこそ「A3一枚」の最大のメリットなのである。

第56話

素晴らしいアイデアほど、「見える化」が大事

言葉を尽くし、「伝わるまで」伝え続ける覚悟をもつ

ある企業が、ＱＣ（Quality Control・品質管理）活動に取り組み始めた頃の話だ。

高学歴のスタッフの１人が、「現場の人間に問題を解決しろと言ったところで、ろくに勉強もしていないんだから無理に決まっている。そんなものはやらせるだけ時間のムダだ」と言い放った。そこで上司は、そのスタッフにこう質問した。

「たしかに現場の人よりも君のほうが学もあるし、いい解決策を考えるかもしれないが、じゃあ、これまで君の考えた解決策や対策はどれだけ現場で実行されたんだ？」

そう言われて、そのスタッフは言葉に詰まってしまった。彼はこれまで「こうすればいい」「ああしたらいい」という策をいくつも考えたが、そのほとんどは現場の反対によって実行されていなかった。また、実行された場合もほとんど効果は出ていなかった。

一方、ある企業の再建のために社長に就任したＡさんは、現場を視察したあと、「こん

思いはカタチにしなければ伝わらない

なつくり方をしたい」というプランを社員に向けて発表した。とてもよくできたプランだったが、それを「やってみよう」という声はほとんど起きなかった。

そこで、Ａさんは１０人くらいずつ社員を集めて詳しく説明する一方、新しい生産方式をイラストに書き起こし、さらにその模型までつくってみんなに見えるようにした。

トヨタ式でいう「思いの見える化」だ。どんな素晴らしいアイデアも、どんなにわかりやすい書類も伝わらなければ意味はない。

言葉を尽くし、思いを形にして「伝わるまで」伝え続けることが大切なのだ。

第57話

小さなミスは、「再発防止ノート」につけて繰り返さない

「今後気をつけよう」ですませていないか

日常の小さなミスは、誰もが経験している。

たとえば、書類作成で漢字や数字を間違えたり、相手の名前を間違えるということもあるだろう。

3枚入れるはずの書類を、2枚しか入れずに送ったということもあるだろう。あるいは、会議や商談の時間を間違えてしまった、ということもあるだろう。

こうした小さなミスについてはつい、「これからは気をつけよう」ですませてしまいがちだが、たとえばミスをするたびに「ミス再発防止ノート」をつけておくのはどうだろうか。

そこには「どんなミスをしたのか」「なぜミスをしたのか」「ミスを防ぐためにはどんな対策が考えられるのか」といった点を自分なりに考えて、ミス再発防止ノートにまとめて書く。

書類の作成などで日付や出席者、件名、数字などを間違えた場合は、書類の現物を縮小

小さなミスこそ見逃すな

コピーして、赤のマーカーなどで「ミスをした場所」「注意すべき場所」を丸く囲うのだ。

トヨタ式で言うところの「注意しよう」「気をつけよう」だけでミスをゼロにするのは難しい。

かといって、同じミスを何度も繰り返すようでは、ビジネスパーソンとしての能力を疑われることになる。

そこで、**小さなミスでも、一つひとつその対策と原因を考えて記録に残しておけば、同じことを繰り返す確率を減らすことができる。**

対策を講じても同じミスを繰り返しているとしたら、対策そのものが間違っているのだから、新たな対策を考える。ミスは記録して対策を立てることで、財産に変わるのだ。

第58話

資料は「誰のため」「何のため」を考えてつくる

資料を「紙量」や「死量」にしてはいけない

仕事に、資料作成はつきものだ。

しかし、**「この資料は何のためにつくるのか」「誰の役に立っているのか？」を考えてつくらないと大いなるムダになる。**

トヨタマンAさんは、生産計画にかかわる仕事をしていた。

数ある機械それぞれの月産能力を元に「このペースで稼働すれば能力がいくら不足する」「補うためにはどのくらいの残業が必要か」「どれだけの量を外注すればいいのか」といった計算をする部署にいた。

今ならコンピュータで簡単にできるが、当時はすべて手作業で計算して、書類を作成していた。

そんなAさんたちの仕事を、頭から否定したのが大野耐一氏だ。大野氏はAさんたちが書類を作成して提出しても、見ようともしなかった。そして、こう言った。

「こんな計算をする暇があったら現場を見てこい。なぜ過去の実績がそのまま将来のペー

資料を死量にしないためには

スになるのか」

改善によって機械の能力が上がり、働く人たちの生産性を上げることができれば、残業は減るし、外注も減らすことができる。

しかし過去の数字だけを頼りに、「残業はこれだけ」「外注はいくら」などと決める資料をいくらつくっても、生産現場の改善は進まず、競争力は上がらない。

結局、Aさんたちがやっている仕事は、何の役にも立たないだけでなく、改善の足を引っ張るだけの「死量」や「紙量」になっていたのだ。

資料づくりは大変な仕事だが、「誰のため、何のため」が抜け落ちると、ただの「死量」や「紙量」になる怖さをもつ。注意して取り組みたい。

第59話

問題は、書類の上で起こっているのではない。「現場」だ

書類を見て判断するだけなら、誰でもできる

多くの企業では会議などで問題を話し合う場合、その根拠となるのは提出された資料である。ただ、ここで問題になるのは、その資料は本当に信頼できるのか、ということだ。

ある企業の役員会で「新製品の売れ行きがいいので、旧製品の製造はやめたほうがいい」という提案が行われた。実際、配布された資料はその提案を裏づけるものばかりだった。

みんなが「たしかに売れているのは新製品ばかりだ」と賛同しかけた時、創業社長が「ちょっと待て」と言い、数店舗に電話して現場の声を確認することになった。

役員のなかには、「これだけデータの裏づけがあるのだからそこまでしなくてもいいのでは」と言う者もいたが、創業者は気にすることなくいくつかの店に電話をして話を聞き始めた。すると、新製品が売れているのはお店が全力で推薦しているからに過ぎず、お客さまのなかには「旧製品のほうが良かった」と言う声も多いことがわかった。

現場の声に耳を傾けよ

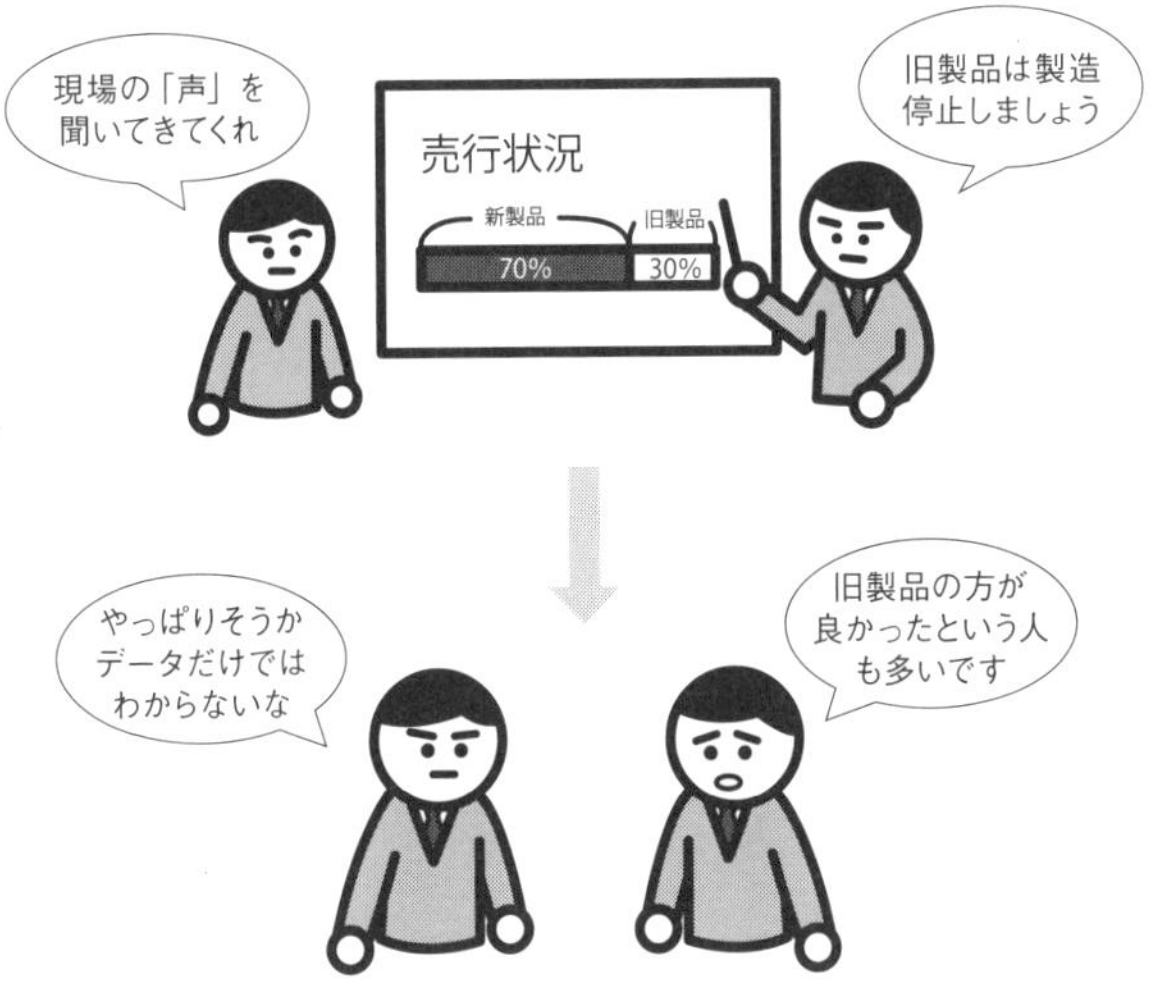

創業社長は役員や、データをつくった社員に向かってこう言った。

「データだけを見てああしよう、こうしようと判断するのではなく、もっと現場に行って店の人やお客さまの声を聞いたらどうだ。そのうえでデータ通りならそれでいいし、もしデータには表れない声があるのなら、それにも耳を傾けよ」

トヨタ式が問題が起きるとすぐにラインを止めるのは、**「データ取りなどせず、止まった時にその真因を現場で読み取る」ためだ。問題が起きたあとで報告書をつくり、それを見てあれこれ考えるのではなく、「その場ですぐに」というのが、トヨタ式の鉄則である。**

書類を見て的確な判断を下すには、日頃から現場をよく知り、見る努力が必要なのだ。

何も変えないことが最も悪いことだ。
トライして失敗すれば、またトライすればよい

トヨタ自動車元社長

奥田《おくだ》 碩《ひろし》

(1932 〜)

1995年にトヨタ社長に就任した奥田は、「大企業病」に陥りかけていたトヨタ社員に新しいことに挑戦することを奨励、「プリウス」の発売など大胆な改革によって、その後のトヨタの成長を加速させた。

当時、奥田は社長就任にあたって、社員にこうハッパをかけたという。

「これからはすすんで何もしない、何も変えないことが最も悪いことだと考えてほしい。トライして失敗すれば、またトライすればよい。そしてトライする事実に対して正当な評価をしていきたい。もちろん皆さんが思い切ってトライできるよう、会社としても経営資源の投入や権限の問題について大胆に見直したい」

企業は大きくなると、とかく「守り」に入りやすい。そうなると、極端に挑戦や失敗を恐れるようになるが、それでは「過去に繁栄した企業」になってしまう。

そうならないためには、とにかくトライしてほしいし、みんなが「トライ・アンド・エラー」をできる会社にしなければならないというのが、奥田の考えだった。

結果、「失敗は恐れるに足らない。とにかく早くやれ。実行なきところに進歩は生まれない」が、その後のトヨタの指針となった。

第6章

トヨタ式

すぐやる人になれる「PDCA＋F」

第60話

研修で何かを学んだら、学んだことを人に話す

「学ぶだけ」「計画するだけ」の人にならない

「PDCAのサイクルを回す」という言い方がある。

計画（Plan）を立て、計画を実行して（Do）、問題があればそれを修正したり反省して（Check）、さらなる実行につなげていく（Action）というものだ。

ともすれば、計画（P）は一生懸命立てたものの、実行が伴っていないケースも少なくない。そこで、「P」がきちんと「DCA」へ移行しているか確認することが求められる。

ある企業の再建を託されたA社長は、「経費削減」の名のもとに削られていた研修費を復活させ、社員にもどんどんセミナーなどに参加するよう奨励した。ただし、条件を1つだけつけた。**それは、「研修に参加した場合、その内容を報告する」というものだった。**

A社長は研修会に参加した社員が報告に来ると、必ずこう言った。

「何と何が印象に残って、何と何を自分の職

学びや計画は実行してこそ活きる

場に活かすつもりか。実際にやってみた結果を2～3ヶ月後に報告してくれ」

つまり、**「学ぶだけ」ではなく、それをどう活かすかを考え、実行し、結果を報告するところまでいって初めて「学んだ」ことになるのだ。**

「学んだことをどう活かすか」を考えるところが「P」とすれば、実際に実行し、評価し、さらなる実行に活かすという「DCA」があってこそ学んだことは力となり、会社の財産に変わる。

結果、A社長の会社は実行力があって、儲かる会社へと変貌を遂げた。

仕事は常に実行を心がけ、結果が出るまでやり切ることを心がける。そうすれば自ずと成果も出るし、成長もできるのである。

第61話

「これはいい」と思ったら、とことんやり続けよ

トヨタと普通の会社の決定的な違いはココ！

「やり始める」のも大変だが、「やり続ける」のはもっと大変だ。

ある会社が元トヨタ社員Aさんの指導の下、トヨタ式をベースとする生産改革に着手した。それまでがムダだらけのつくり方をしていたため、トヨタ式が定着するにつれ順調に成果も上がるようになった。

そんなある日、古参の社員が1冊の古びた小冊子を持ってきた。タイトルには『トヨタ生産方式の導入にあたり』とあった。

この企業は20年ほど前にも一度、トヨタ式を導入しようと小冊子までつくっていたのだ。それを見て、年配の工場長がこう言った。

「私が若い頃、トヨタ式を導入しようと勉強会を開いたり、実際に改善をしたりと、熱心に取り組んだことがあります。効果も出ました。ところが、すぐに飽きてしまい他のものに目が行ってしまいました。トヨタ式も、そのうち誰も口にしなくなりました」

こうした「やり続ける」壁で挫折するケースは多い。

「いい」と思ったら途中でやめてはいけない

スは、この会社に限ったことではない。

「ＰＤＣＡ」の「Ｐ」で挫折する会社もあれば、実行してそれなりの結果が出たにもかかわらず、そこで満足してやめてしまう会社もある。

実はここにこそ、トヨタと他の会社の違いがある。

トヨタがトヨタ式に本格的に取り組み始めたのは、１９５０年のことですでに７０年近く経っている。その間にはさまざまな手法がもちこまれたが、それらを取りこみつつも「トヨタ式」を一貫してやり続けている。

大切なのは、**「これはいい」と思ったら、とことんやり続けることだ。**

これがトヨタ式であり、やり続けた結果が今日のトヨタである。

第62話

トヨタの上司は、部下に「わかったか」と聞かない

「わかりました」と「できる」の間には雲泥の差がある

トヨタ式「PDCA+F」では、PDCAはもちろんのこと、その先のフォロー（F）を何より大切にする。

あるスポーツの外国人監督は「日本人の『わかりました』はそのまま信じてはいけない」と言ったことがある。ことほどさように、「わかりました」と「できる」の間には大きな違いがある。そこを埋めるのがフォロー（F）である。

トヨタ式にも「教育と訓練は違う」という言い方がある。

「教育」は、新しい知識や仕事のやり方を教えることだが、「訓練」は、教えたことをくり返し練習させて、できるようになるまで体で覚えさせることだ。

だからこそ、トヨタでは上司が部下に新しい作業のやり方を教えた時など、「わかったか？」と聞いてはいけないと言われている。

「わかったか？」と聞けば、「わかりました」とほとんどの部下は言うからだ。

大事なのは、**本当に「わかっている」かどうかを上司が部下の動きを見て確かめることである。**

大野耐一氏がこう言っている。

「いろいろな人たちが、いろいろな形で訓練をやるべきである。集めて1時間くらい本を読ませても、フォローがないと、本当の訓練にはならない」

だからこそ、トヨタでは新人ではない入社2年目の若手社員を「道場」に集めて訓練をする。

専任トレーナーがマンツーマンで指導することで、「より楽で正確なやり方」を体に覚え込ませるのが目的だ。本当の意味の技術の継承はここにある。

第63話

なぜ「改善」が「改悪」になっても、元に戻してはいけないのか

「元に戻せ」ではなく、「なぜ期待通りの成果が出なかったのか?」

企業がトヨタ式をベースとする生産改革などを行おうとする時、賛成するのはせいぜい2割で、強硬に反対する人が2～3割、残りの5～6割は日和見だ、と言われる。

日和見の人たちは改革がうまくいきそうなら賛成するが、問題が起きるとすぐさま反対に回るようになる。また、改革に反対する人たちの声で最も多いのが「元に戻せ」である。

慣れたやり方と新しいやり方を比べれば、多くの人は慣れたやり方を選ぶ。新しいやり方にはトラブルややりにくさがつきまとうからだ。だからこその「元に戻せ」だが、ここで安易に元に戻してしまうと、どんな改革も失敗に終わる。

そこで、トヨタ式ならこう考える。

「改善が改悪になったら、元に戻すのではなく、さらなる改善を行えばいい」

改善という「PDCAサイクル」を回したとしても、期待通りの結果が出るとは限らない。失敗することもあれば、期待よりはるか

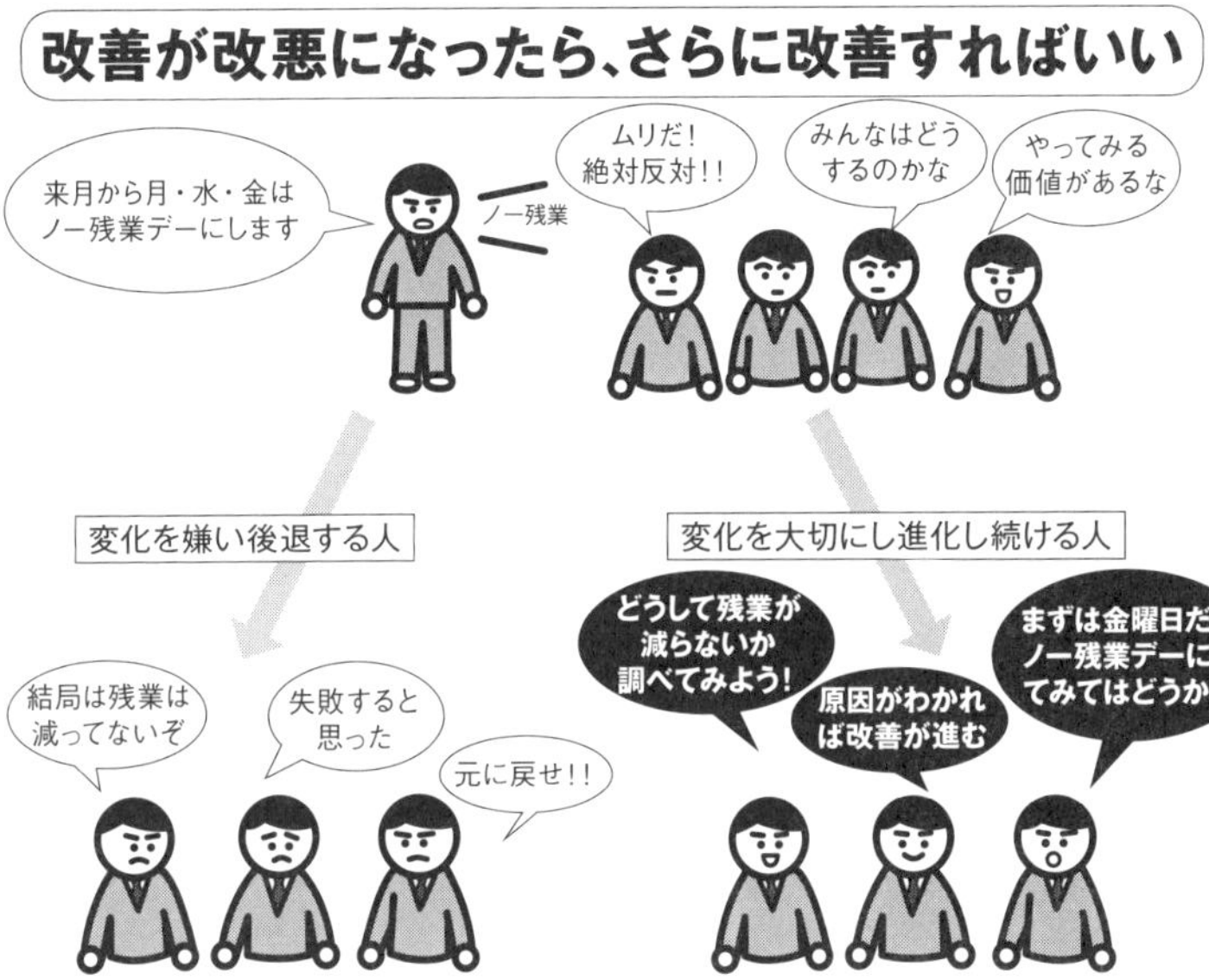

に小さな効果しか得られないこともある。

そんな時、「失敗だ、元に戻せ」ではなく、「なぜ期待通りの成果が出なかったのか？」という真因を調べたうえで、さらなる改善を行い、最終的に期待通りの結果が出るまで改善し続けるのがトヨタ式だ。

理由は、**「変える」こと、「変わる」ことを何より大切にしているから。**

企業は3年間、何も変えなければダメになる。社会が変化し、同業他社も進化し続ける時代、停滞は後退と同じだ。

そうならないためにも常に「変化のサイクル」を回し続けることだ。大切なのは、ＰＤＣＡのサイクルを止めたり逆回転させることではなく、常に回し続けることなのだ。

第64話 大きな改善をやりたい時は、小さなPDCAを回すことから始める

最初から大きく回すと、失敗した時の反動が大きい

トヨタ式改善への抵抗が強い時には、「小さな改善、お金のかからない改善」を行うのが効果的だ。

しかし、工場のつくり方を変えるといった「小さな改善」でおさまらない時にはどうしたらいいのだろうか？

そんな時に試みたいのが「モデルライン」をつくってみるという、小さな「ＰＤＣＡサイクル」を回すやり方だ。

たとえばある企業の生産ラインが５本あるとする。５本すべてを一気に変えてしまう方法もあるが、５本すべてではさすがに社員も大変だ。

そこで、**１本だけ新しいものにつくり変えて、「実行―問題が起きる―改善する」という小さな「ＰＤＣＡサイクル」を回しながら自社に合うラインづくりを目指すのがいい。**

そうすると、社員はそのやり方を実際に見ることができるため、モデルラインが良いか悪いかが判断できるし、「ここをこうしたら

いいのでは」といった知恵も出てくる。

一方、最初からPDCAサイクルを大きく回し過ぎると、改善も大変だし、うまくいかなかった時の反動も大きくなる。

そうならないためにも、**大きな改善をやりたい時は、まずは小さなPDCAサイクルを回してみるといい。**

新しい試みにはいつだって抵抗がつきものだ。また、問題が起きるのも当然のことだ。だからこそ、全社に広げる前にはモデルラインを使って、とことん改善する作業が欠かせない。

そうすれば、すべてを変える頃にはみんなの抵抗も和らぎ、たくさんの知恵がついているはずだ。

第65話

成功のスピードは、「F」の数に比例する

良い結果が出た時は、必ずヨコテンを心がける

企業というのは、とかく縦割り組織になりやすい。

縦割りになると、ある部署で起きた失敗を他の部署が知らず、何か大きな問題が起きた時に、「実は以前あの部署で似たようなことが起きていた」となりやすい。

トヨタ式では、失敗は「失敗のレポート」を書くことで同じ部署はもちろん、他の部署や工場でも同じ失敗をしないようにしているが、同様に成功事例に関しても「ヨコテン」と言って、他の部署に伝え広げていく仕組みがある。

ある若いトヨタ社員のAさんが、上司から生産ラインの改善を指示された。

しかし、上司は「あそこにムダがあるから何とかしろ」と言うだけで、具体的な指示はしない。Aさんは現場に行き、ムダの真因を調べたうえで、知恵を絞って改善を行った。

それを上司に報告したところ、すぐさま「結果は見たのか?」と返ってきた。慌てて現場

改善がうまくいったらすぐさま「ヨコテン」

に戻って話を聞き、改善した内容を報告すると、今度は「ヨコテンはしたのか?」と聞いてくる。良い結果が出たのなら、それを同じような問題のあるところに横展開しろということで、Aさんは改善の次にヨコテンに取り組んだという。

ヨコテンの発案者であるトヨタ元社長の豊田英二氏は、「組織は大きくなるとどうしても横の連携が悪くなる。自社の成功した工場を見て『こんなやり方があるのか』と感心しているようでは困る」と言ってヨコテンを導入したという。

「PDCAのサイクル」を回して良い結果が出た時には、ヨコテンを心がける。それがトヨタ式の「PDCAにFをつける」だが、「F」の数だけ企業は強くなれるのである。

第66話

「計画」にこだわっても、「計画通り」にはこだわらない

「微調整機能」を組み込んで、計画と現実のズレを修正せよ

「計画を実行する」と、「計画通りに実行する」の間には、大きな開きがある。

アマゾンの創業者ジェフ・ベゾスは几帳面な性格で、起業前に数十ページに及ぶ綿密な計画を策定しているが、それについてこう言い切っている。

「過去に立てた計画に奴隷のように従うなんて、実にばかげたことです」

どれほどしっかり計画を立てたとしても、現実はなかなかその通りには動いてくれない。

予期せぬ問題が起きることもあれば、思いがけないほど大きく市場が開けてくることもある。

そんな時に従うべきは、「計画通り」ではなく、「チャンスを迅速につかむ」ことだというのが、ベゾスの考え方だ。

「ビジョンには忠実に、しかしディテールにはこだわらない」が、アマゾンを成功へ導くこととなった。

計画は綿密に、計画実行は柔軟に

アマゾンほどではないにせよ、トヨタでは、「微調整機能」を組み込むことで計画と現実のズレを常に修正するようにしている。

それは、次のような考えに基づいている。

「市場が完全に読み切れない以上、状況が変わればやり方を変えていくのも当然であるし、また変化に対応できるように現場の体質をつくり上げていくことが大切である」

「どうせ変わるから」と、いい加減な計画を立てよということではない。

計画はしっかり立てるが、状況の変化を見極めながら柔軟な対応を心がけるということだ。

それでこそ目標を達成できるし、時に目標を上回る成果を上げることもできる。

第67話

決めたことは、すぐに変えるな。結果が出るまでやり続けよ

結果に一喜一憂するな。結果が出るまで根気強く見守れ

あるメーカーの経営者Aさんは、トヨタ式をベースとする生産改革にとても熱心に取り組んでいた。よく勉強もしているし、複数ある工場それぞれに改善推進チームをつくり、月に1回はすべての改善推進チームを本社に集めて報告会も開いていた。

ところが、Aさんには大きな欠点があった。成果を見守るという我慢がきかず、すぐに目標や手段を変えてしまうのだ。

生産改革の初期というのは、面白いように結果が出るものだ。整理整頓を徹底するだけでたくさんのムダを省くことができる。

ところが、ある程度進むとムダは見つかりにくくなり、結果もすぐには出なくなる。

にもかかわらず、Aさんは報告会などでちょっとでも結果が出ないと、「こうすればもっといい成果が出るのでは」と、方針をあっさりと変えてしまうところがあった。

ある月は「作業改善をやれ」、次の月は「自動機械を入れることにしよう」、さらにその

結果に一喜一憂しない勇気をもつ

翌月には「まずは人を抜いてみよう」という具合だ。

こんなことを繰り返しているうちに、現場の人たちはこう考えるようになった。

「今はこうしろと言っているけど来月になったら違うことを言うんだから、あまり本気になって取り組むとバカを見ることになる。適当にしておこう」

改善に限らず人の成長もそうだが、すぐに結果が出ることなどそうはない。だから**「これでいこう」と決めたら、信じてやり続けることが大切だ。**

少なくとも結果が出るまで見届けたうえで、問題があれば修正をする。改善にはそんな根気強さが欠かせない。

第68話

改善は、どこまで自分事にできるかで結果が変わる

他人事にしている限り、本当の改善はできない

トヨタを退社したAさんは、あるメーカーに入社、生産改革などを担当し、海外工場でも改革を進めることになった。

月に1回、海外工場に行き、生産現場で働く人や管理職を相手に数日をかけてトヨタ式のイロハから、改善のやり方まで熱心に講義した。

毎回たくさんの参加者が集まり、みんなとても熱心に耳を傾けた。質疑応答も活発で、Aさんは「これは日本よりいいかもしれない」と満足していた。

ところが、何度これを繰り返しても工場で改善が行われた形跡はほとんどなかった。

そこでAさんが参加者に「なぜ改善が進まないのか?」と尋ねたところ、「自分たちの仕事は指示通りにものをつくることで、改善は自分たちの仕事ではない」という答えが返ってきた。

つまり、**ほとんどの参加者にとって改善は「他人事」であり、「自分の問題」ではなかっ**

改善は自分のためにやる

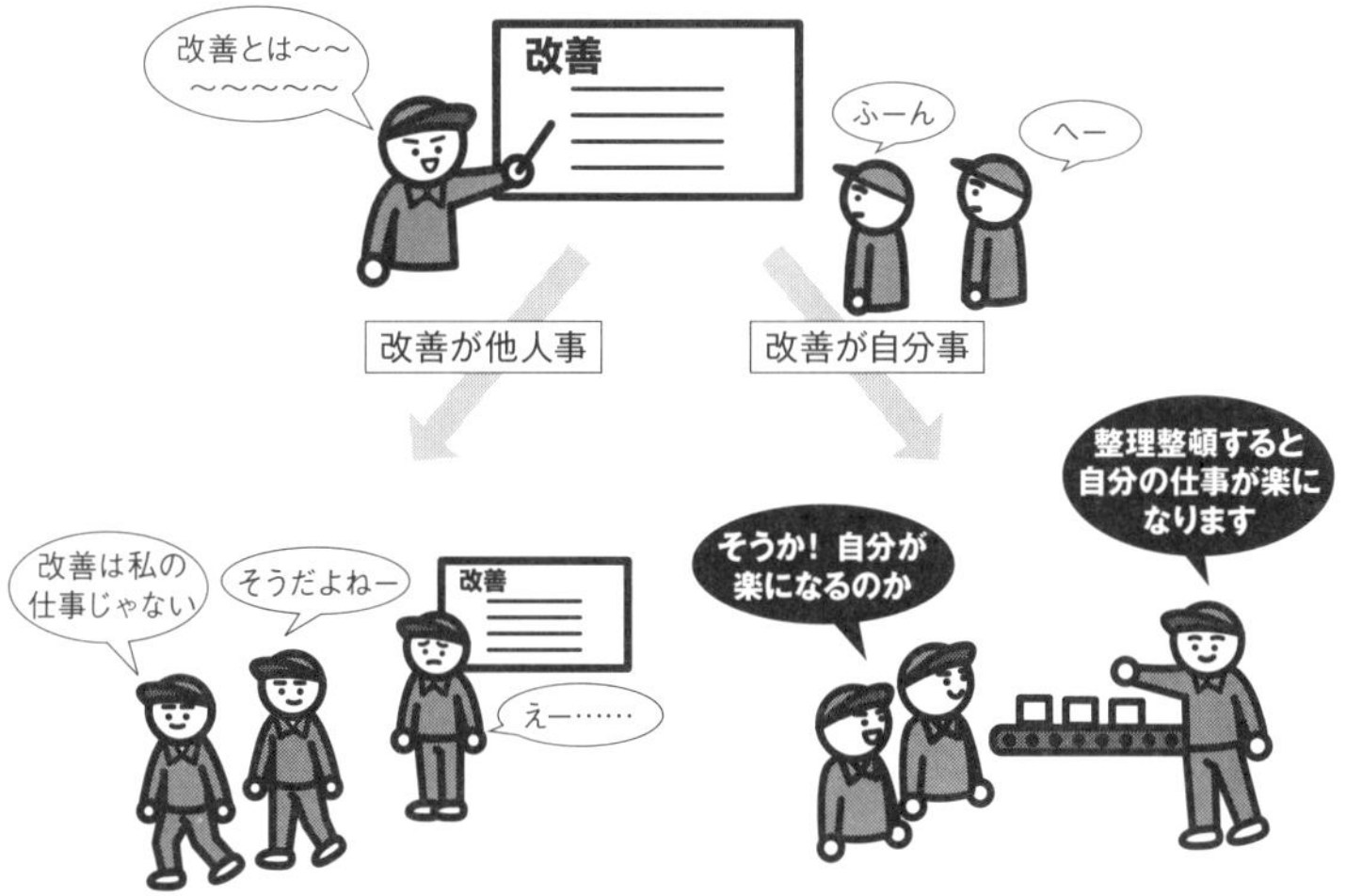

たのだ。これではいくら講義しても改善は進まない。そこで、Aさんは講義をやめて、実際の現場で自分たちの問題を見つけ、改善を行う実地研修に変更した。

すると、翌日には自分たちの仕事が楽になることを実感し、「改善は良いことだ」とみんなが取り組むようになった。そこから海外工場の生産改革は一気に進んだ。

トヨタ式に、「問題のホルダーになれ」という言い方がある。

仕事ではかかわっている人みんなが「問題のホルダー」となり、「自分たちの問題は自分たちで改善する」という気持ちになることが大切だ。「これをやるのは自分の使命だ」という思いがあるからこそ、多少難しい課題でも、人は挑戦することができるのだ。

第69話

「やる」のではなく、「やり切る」

成功するまで続けるから、成功する

ある人が、「Plan（計画）、Do（実行）、Check（評価）、Action（改善）」のサイクルを、「Plan（計画）、Delay（遅延）、Cancel（中止）、Apology（謝罪）」と読み替えていた。

何とも皮肉な話だが、それほどに計画というのは計画通りにはいかず、遅れたり、途中でやめてしまうということがよくあるということだ。

トヨタの元社長・奥田碩《ひろし》氏は社長時代、「シェア40％」という目標についてこう言い切っていた。

「40％の必然性を問われれば、単なる象徴的な数字かもしれない。しかし、経営には明確な旗が必要だ。いったん目標を掲げれば、それを完遂すること。青写真を描くだけで満足していては、会社はだんだん弱くなる」

目標を立て、達成への計画を立て、実行に踏み切る以上、その計画は絶対に「やり切る」というのがトヨタの考え方だ。

かつて京セラ創業者の稲盛和夫さんが大手

成功するまで諦めない

企業の研究者から、「京セラは研究開発について成功率１００%と言っているが、そんなことは信じられない」と食って掛かられたことがある。

その時、稲盛さんが口にしたのが、**「理由は成功するまで諦めないから」**だった。

ＰＤＣＡのサイクルを回す以上、中途半端に投げ出すのはやめにする。

結果が出るまでやり切るか、ダメならダメで結果を見届ける習慣をつける。

成果を上げるためには、ある種の執念というか、できるまでやるという「やり切る力」が欠かせないのだ。

第70話

計画は、「うまく行かなかったら」を想定して立てる

異論も取り入れると、より良い計画ができる

ＰＤＣＡのうち「計画」を立てるにあたって、「もしうまくいかなかったらどうするか?」を含めて計画を立てている人はどれだけいるだろうか。

京セラの創業者・稲盛和夫さんが第二電電（今のau）の設立を発表した時、その成功を信じた人はほとんどいなかった。

いわば異論だらけの計画だが、稲盛さんは、「会社のお金のうち１０００億円だけ使わせてくれ。それでだめならやめるから」と撤退の条件を明言している。

失敗の線引きである。

ここまで線引きが明確でかつ、「１０００億円は使って全力でやる」という熱意があれば、周りも「じゃあ、支援しよう」という気持ちになるものだ。

トヨタに、こんな言い方がある。

「異論がないということは異論を見逃していると思え。異論がなければ異論をつくれ。異論をわかったうえでやる」

最悪の事態を想定して計画を立てる

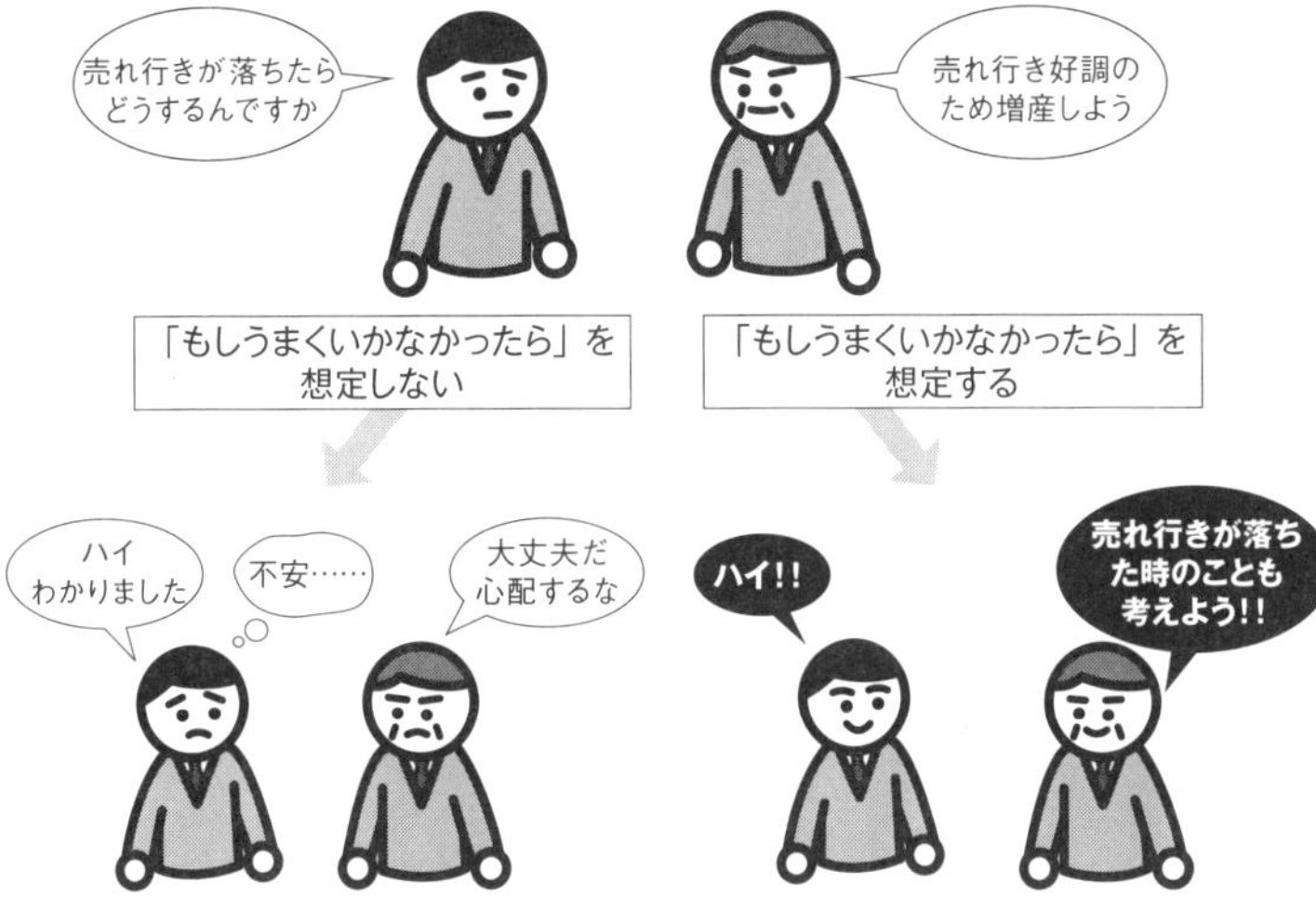

日本では会議などで異論を唱えると、「反対なのか」と気色ばむ人がいるが、**異論があるからこそ、より良い計画が可能になるのである。**

計画通りにすべてがうまくいくことはまずない。

むしろさまざまな障害が起きるのが仕事であるし、意に反して失敗をすることだってある。

だからこそ計画を立てる時には、**「もしうまくいかなかったら」をしっかりと想定して立てる。**

失敗を覚悟するから大胆に挑戦できるし、最悪の事態も想定しているほどの計画なら、たいていはうまくいく。

第71話

計画は、反対意見に耳を傾けたうえで立てる

反対意見にすべて反証できるほどの計画を立てよ

1971年、当時業界8位のスーパーマーケットだったイトーヨーカ堂は、米国のチェーン企業からノウハウを導入することで成長しようと考えた。その候補の1つがセブン-イレブンであり、交渉を担当したのが当時38歳の鈴木敏文さんだった。

鈴木さんは、セブン-イレブンの本部会社サウスランドとの交渉を通して日本での成功を確信したが、イトーヨーカ堂社内には「うまくいかなかったらどうする」という反対意見が渦巻いていた。そして、外部専門家の声も、一様に「時期尚早」というものだった。

戸惑う鈴木さんに、創業者の伊藤雅俊さんはこう言った。

「成功するかどうか、人の意見を聞きなさい」

普通に考えれば、「反対者が多いのだからやめなさい」となるところ、伊藤さんの真意は違っていた。

反対者の声にしっかりと耳を傾けたうえで、それでも鈴木さんたちが「やりたいかど

反対意見を封じ込めたら成功はない

うかを考えなさい」ということだった。

反対者を説得するためには、しっかりとした根拠が欠かせない。かつやり始めた以上は、絶対に成功させるという情熱も必要だ。

伊藤さんは、鈴木さんにそれだけの材料や論理、信念があるかどうかを確かめたうえで、ゴーサインを出そうとしたのだ。

結果は大成功だったが、それを可能にしたのは**反対意見に耳を傾け、それでも「やる」ために万全の準備を行い、成功するまでやり続けたからだ。**

計画を立てる時には、賛同者だけでなく反対者の意見を聞いてみる。

「これでは失敗する」といった反対意見や、不安の声にすべて反証できるほどの計画を立ててこそ、仕事はうまくいく。

失敗を積み重ねて現在がある

トヨタ自動車元社長

張《ちょう》富《ふ》士《じ》夫《お》

(1937 ~)

1999 年に社長に就任した張氏は、若い頃、「カイゼンの神様」大野耐一の下でトヨタおよびトヨタグループ、協力会社などにトヨタ式を普及定着させる仕事を長くやっていた。そこでの経験を通して身につけたのが「アイデアがあればまずやってみる」であり、「失敗を積み重ねてこそ現在がある」という考え方だ。こう話している。

「大事なことは実行することです。口で言うだけでなく、必ず実行して、その成果を自分の目で確かめることです。実行し、チェックする。それがトヨタの提案制度の特徴である」

実行すれば当然うまくいかないこともあるが、それを気にする必要はない。張によると、理由はこうだ。

「アイデアがあったら、まずものをつくってみなさい。初めから完全なものにしようとはせず、改良に改良を重ねて段々良いものに仕上げていく。このように小さな改善を積み重ねて失敗から学んだことや、新しいアイデアを少しずつ現実のものにしていく。それらの集積が大きな発明につながるということです」

大切なのは「どれだけ失敗しているか」であり、失敗を積み重ねてこそ現在があり、成功例だけを手にしても方向性を定めることはできないというのが、トヨタの考え方だ。

第7章

トヨタ式 すぐやる人になれる「チーム力」

第72話

リーダーは、「できる人」だけを頼りにしてはいけない

チームメンバーの能力のバラつきを放置するな

部門やチームを率いていく時、ついできる部下に多くの仕事を任せ、その他の部下をあまり頼りにしていないことはないだろうか。

たしかにチームには、「できる人」もいれば、「できない人」もいる。しかし、そんな「バラつき」を放置したままでは、本当に強いチームをつくることはできない。

ものづくりの世界でも良品と不良品のバラつきはあるが、地道な改善によりバラつきを抑えて良品100%に近づけていくことが、トヨタ式のキモとなっている。

ちなみに、サービス業に、「真実の瞬間」という言葉がある。

お客さまは、サービスを提供する会社の社員と接するごくわずかの時間で、製品やサービスに対する評価を決めているといわれ、それが「真実の瞬間」とされている。「真実の瞬間」の接客やサービス次第で、その企業の規模がいかに大きくブランド価値が高くても、印象そのものは悪くなってしまう。

本当に強いチームをつくるには

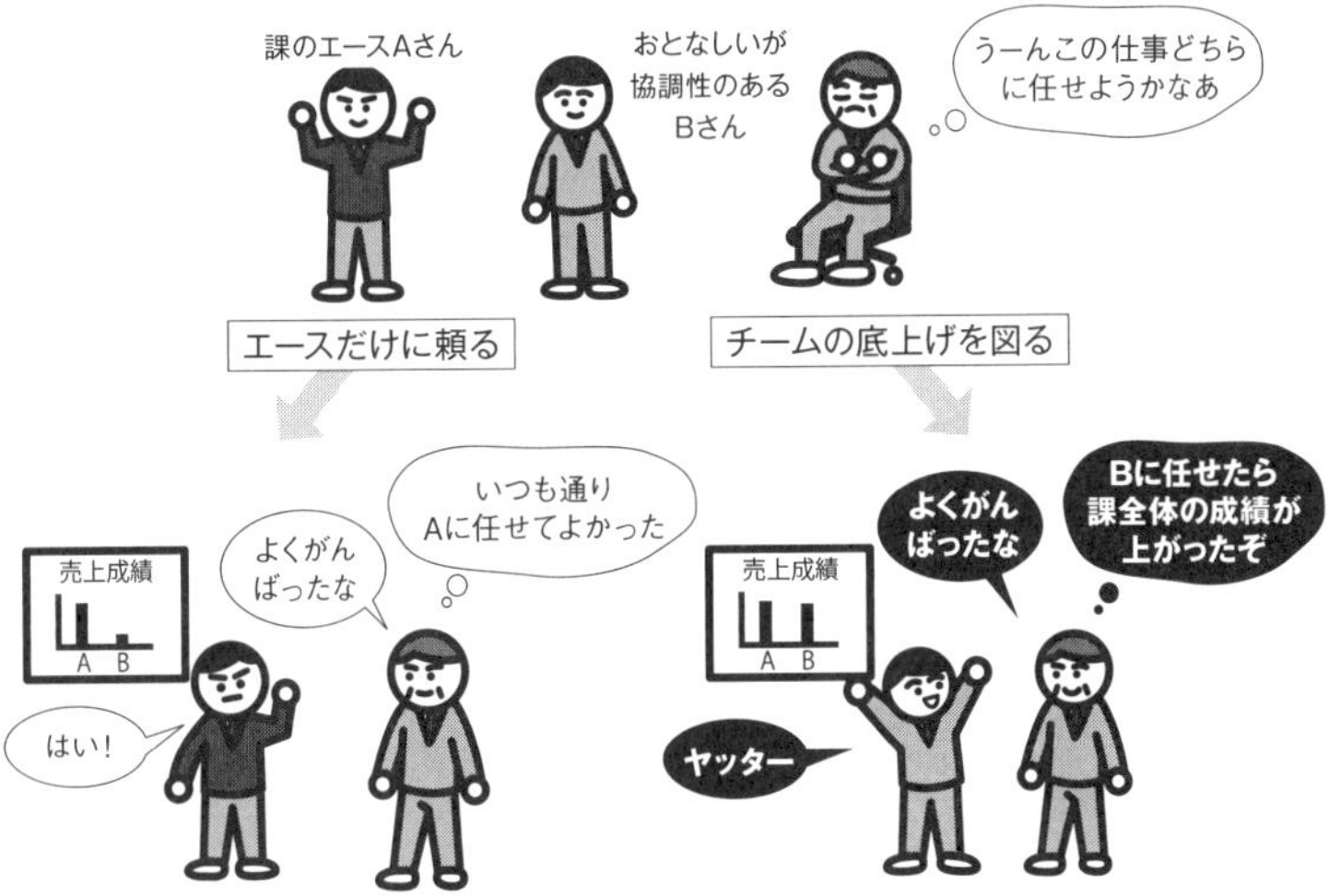

トヨタがレクサスの国内営業部を立ち上げるにあたって目指したのは、超一流のサービスをお客さまに提供することだった。

超一流のサービスを全国の販売店で働く社員に、いかにして徹底するか――。

目指したのは「1人のゼロもつくらない」だ。

たとえ10人のうち9人が100点のサービスを提供しても、1人が0点ならお店の印象は0点になってしまう。

大切なのは、**1人のゼロもつくらず、みんなのレベルを上げていくことだ。**

チームを率いる時、心がけるべきは「できる人」だけを大切にするのではなく、バラつきのない人づくりである。

第73話

問題は、1人で抱え込むのではなく、チームみんなでわかち合う

部下を信じて任せることは、リーダーに必須の力

昇進して、部下を率いるマネジャーになるというのは誰しも嬉しいものだ。

しかし、ある企業のAさんはマネジャーになったばかりの頃、問題を1人で抱え込んでしまって大変苦しんだ。昇進までの仕事が評価され、自信をもって臨んだがそれが災いしたという。

「自分はできる」「自分が会社を担う」と力が入り過ぎてしまったのである。

次第に周囲と歯車がかみ合わなくなり、がんばりが空回りするようになった。実績と自信、「こんなはずでは」という失望感も重なって、体調まで崩してしまった。

そんな時、1人の先輩からこう諭された。

「肩の荷はわかち合うものだよ。そうすることで仕事の内容や幅がもっと大きくなるから」

謙虚になって周りを見渡せば、いろいろな能力をもった上司や先輩、同僚や部下がいた。

にもかかわらず、「自分が」「自分で」と力

肩の荷はわかち合ってこそ知恵が出る

が入り過ぎてしまい、周りを見ることができず、周りに助けを求めることができずにいた。

以来、Aさんは問題を分割して考えるようになった。「この問題なら彼に頼めばいい、こっちの問題はあの人に相談してみよう」。そうやってわかち合うと、周りはいくらでも智恵を貸してくれた。

かつてトヨタの課長が、大野耐一氏からの指示に対して即座に「できません」と答えたことがある。

その時、大野氏が言ったのは、**「たくさんの部下の知恵や力を信じないで『できません』とは何事か」だった。**

人を信じる力、部下を信じて任せることは、リーダーがチームを率いるうえで、最も大切な能力の1つなのである。

第74話

真のチームワークは、「仲の良いケンカ」から生まれる

「仲の良いケンカ」でチームはまとまり、真の力を発揮する

チームワークというのは、時に「仲良しクラブ」と誤解されることがある。「チームワーク」と「仲良しクラブ」の違いはどこだろうか。

トヨタ元社長の豊田英二氏は、真のチームワークについてこう話している。

「みんなが意見を出し合う。良いと思ったことはどんどん遠慮なく提案する。時にはケンカもする。そのようにして最良と思う道を決めたら、今度は心を合わせて邁進する」

かつてトヨタが日本で新車レクサスの販売網をつくるにあたり、立ち上げメンバーはこう腹をくくっていた。

「一度や二度の会議で決まるわけがない。みんなが言いたいことを言って、どんどん議論してもらうしかない」

議論に議論を重ねながら問題点をつぶし、意見を集約した結果、最後の会議でリーダーはこう告げている。

「いろいろ議論してきたけど、後世のために

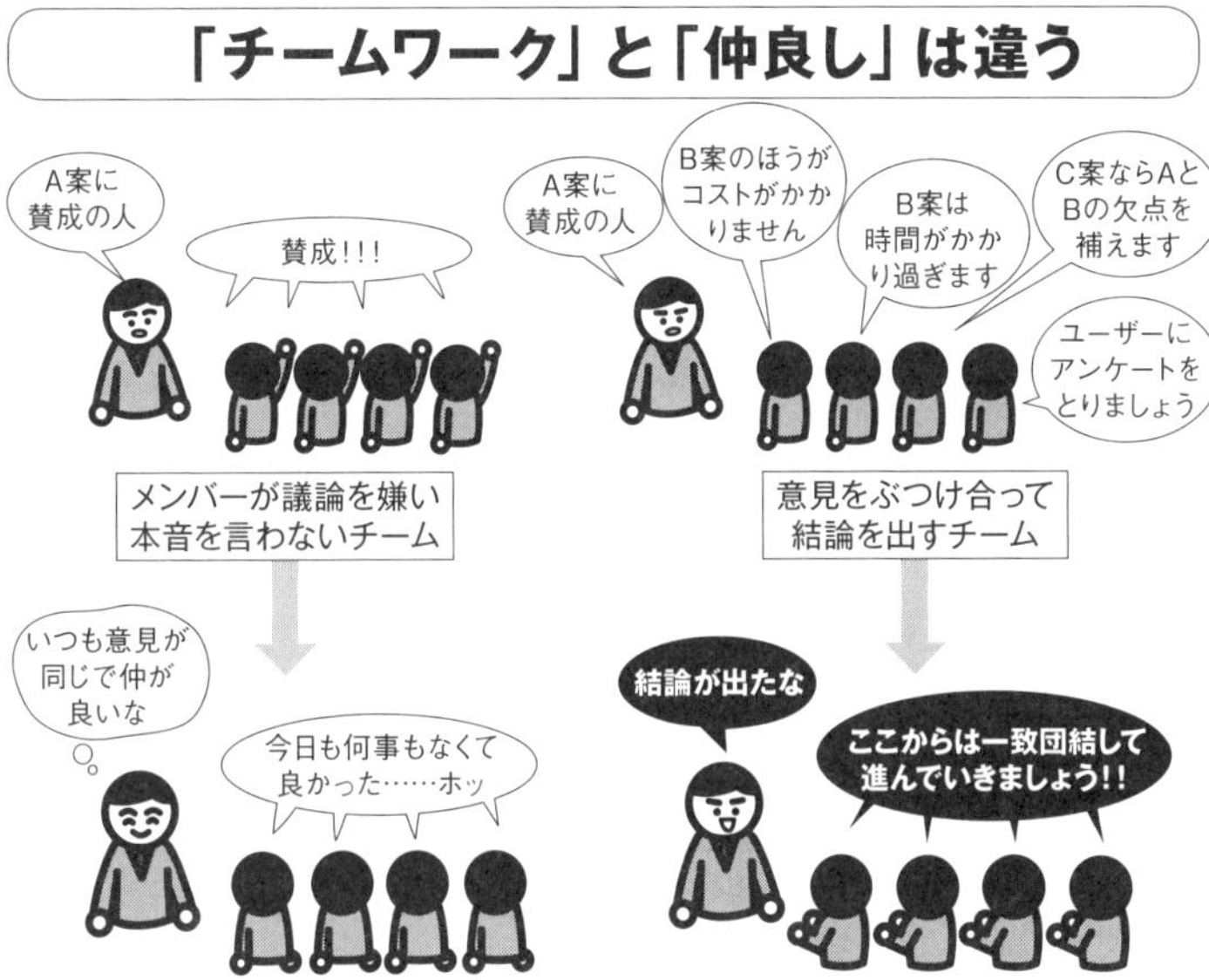

何か残そうじゃないか」

トヨタ式の議論は、「仲の良いケンカ」とも言われている。

みんなが自分の意見を自由にぶつけ合い、激しく議論を戦わせたうえで結論に達し、そこから先は一致団結、一気呵成に進むのがトヨタ式だ。

メンバーが議論を嫌い、本音を言わないチームは、仲良しクラブにはなれても、真の強いチームになることはない。

仲の良いケンカを経て初めてチームはまとまり、力を発揮できることになる。

第75話

リーダーは、1人で悩むのではなく「100人で悩む」

大事なコンセプトは、メンバーとの対話のなかで深めていく

世の中には、アップルを創業したスティーブ・ジョブズのように圧倒的な「個の力」によってイノベーションを起こし、企業を急成長させるスーパースターがいる。

しかし、そんなスーパースター信仰と一線を画しているのがトヨタだ。

1人の経営者が全体を引っ張るというより、工場などの現場で働く社員1人1人の知恵を積み重ねることで、競争力を高めてきたのがトヨタという会社である。

「カローラ」のチーフエンジニアを務めたAさんの口癖は「僕は1人で悩むより100人で悩みたい」だった。

チーフエンジニアは開発の責任者だけにそれなりの経験や知識、権限をもっている。

しかし、権限だけで人を引っ張るのではなく、みんなの知恵や力を引き出しながら開発を進めたいというのがAさんのやり方だ。こう話している。

「ものづくりで大切なのは、信頼感と共有意

1人の100歩より100人の1歩

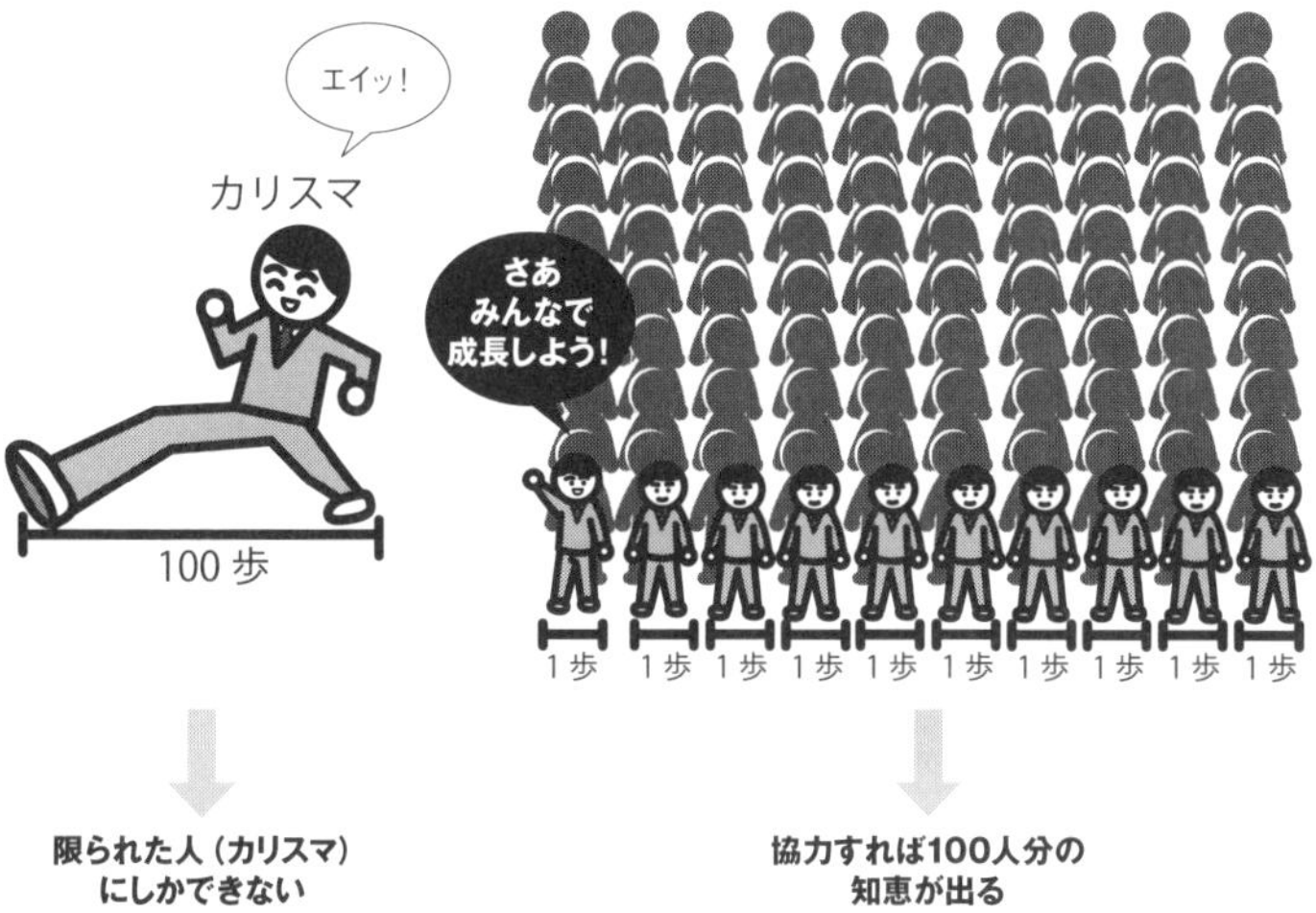

識です。だから、僕は同じことを繰り返して何百回も言う。僕のほうでもコンセプトが固まってくる。メンバーとの対話のなかで、コンセプトを修正したり、より深めたりしていく」

「1人で悩むのではなく100人で悩む」と同様に、トヨタに長く受け継がれているのが**「1人の100歩より100人が1歩ずつ」だ。**

みんなが1歩ずつ進み、かつ1・1歩、1・2歩と成長できれば110歩、120歩となり、普通の人がスーパースターさえ凌ぐことができるようになる。

1人に頼らず、みんなが成長すればそれだけ強くなれるというのがトヨタの考え方だ。

第76話

「離れ小島」デスクを、つくらない

組織に壁をつくると、仕事のスピードが落ちる

最近はフリーアドレスといって、社員の席が固定されないで、その日の仕事や気分で席を選べる企業が増えている。

しかし、これらはまだほんの一部で、多くの企業では部署単位で座る場所が決められ、壁やフロアによって間仕切りされているケースも少なくない。

こうした物理的な壁は心理的な壁となり、人と人の距離を離すこともあるから注意が必要だ。それは生産現場も同じで、人と人の距離があまりに離れ過ぎると、それぞれが「離れ小島」になり、お互いの協力が難しくなることもある。

ある工場の生産ラインは長く複雑で、1階から2階にものを上げて、再び1階に下ろすようになっていた。1階と2階をつなぐのは、広い工場の両端にある階段だけだった。

結果、広い工場に機械設備がポツンポツンと配置され、機械のあるところに社員も配置されていた。それぞれ「離れ小島」だった。

物理的な壁が心理的な壁をつくってしまう

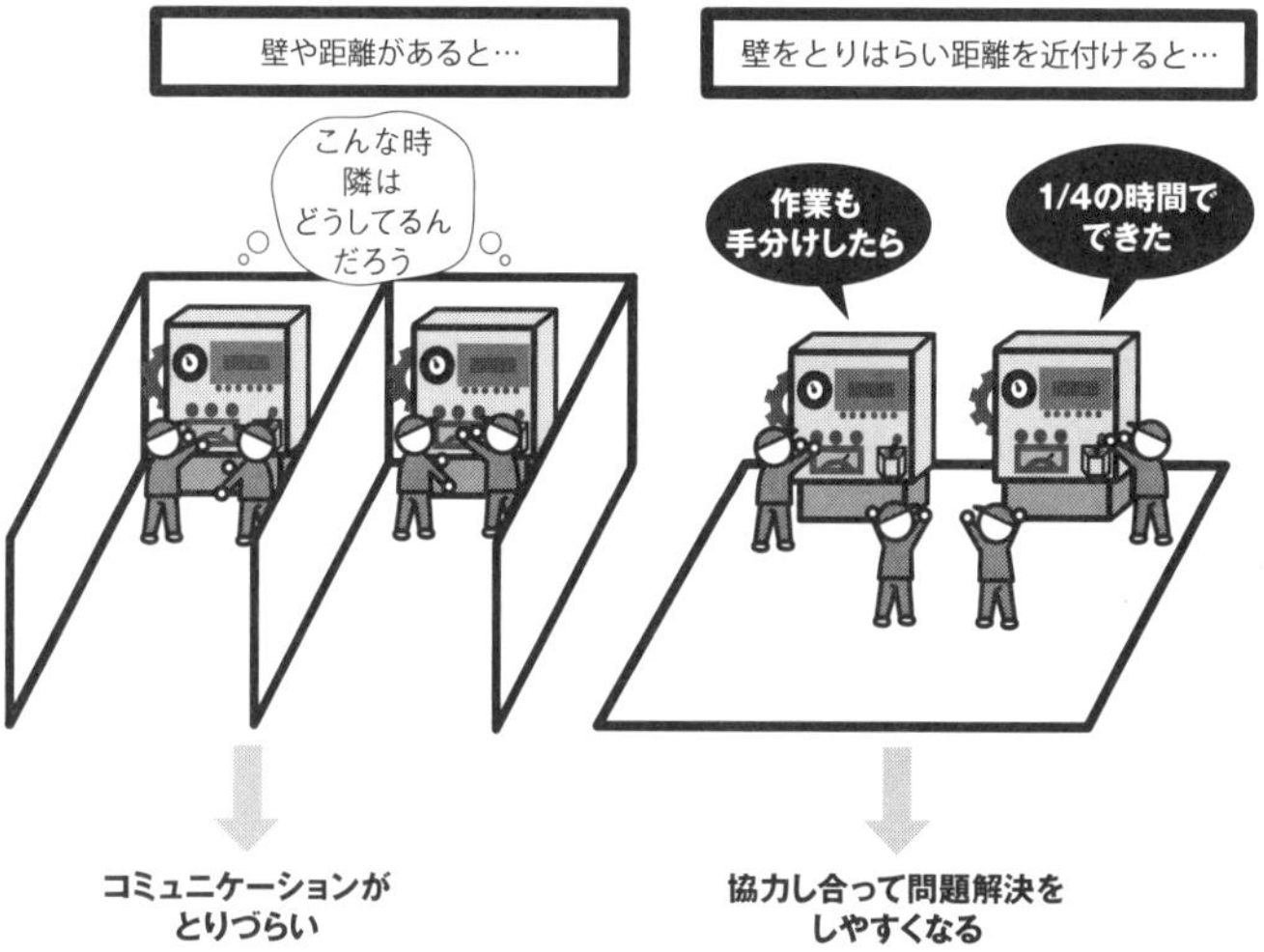

これではお互いのコミュニケーションはとりづらいし、何か起きても、みんなで知恵を出して解決し合える環境ではない。

そこで、同社の生産改革を依頼された元トヨタ社員のAさんが最初に手掛けたのは、2階の生産ラインを1階に下ろし、できるだけ社員同士を近づけることだった。

以来コミュニケーションは密になり、何かあってもお互いに協力し、問題解決の知恵を出し合うようになった。

とかく組織には壁ができやすい。コミュニケーションが減ると情報も遮断され、スピードが落ち、知恵も生まれにくくなる。

トヨタやホンダが車の開発を、さまざまな部署の人間が一堂に会して大部屋方式でやるのはそれを防ぐためである。

第77話

リーダーが、仕事の手を止めて話を聞くチームはうまくいく

リーダーの聞く姿勢で、チームの自由度は決まる

チームが活性化するうえで大切なことの1つは、メンバーみんなが自由に意見を言い合えることだ。そしてその雰囲気をつくるのに、最も重要なのがリーダーの姿勢だという。

グーグルが定期的に開催しているTGIF（全社員ミーティング）でのことだ。

グーグルが買収したモトローラの件で、グーグルの何人かの社員がラリー・ペイジCEOを初めとする経営陣に厳しい質問をぶつけた。

その様子を見ていたモトローラの社員たちは、「あいつらクビになるのかな」とささやいたが、それを聞いたグーグル社員たちの答えは簡単なものだった。

「ならないよ」

リーダー、ましてや経営陣にとって、自分たちの決定に対してその是非を問うたり、疑問を投げかけられるほど不愉快なものはない。

クビはともかく、彼らの直属のボスからお

リーダーに必要なのは「聞く耳」をもつこと

しかりの1つもあっていいはずだが、それをせず、どんな質問にも丁寧に答える経営陣の姿勢こそ、グーグルの社風だった。

ここでは、アイデアを自由に口にしていいという会社のメッセージの表れだった。

トヨタでは、管理職になったばかりの社員は先輩にこう教えられる。

「部下の話を聞く時は、仕事の手を止めて聞け。もし時間がないなら、いつ話を聞けるかをその場で決めろ」

リーダーが会議や仕事の場で、どんな姿勢で部下の話を聞くかを周りは見ている。

それ次第で部下が自由にアイデアを口にできるか、何も言わず言うことを聞くだけになるかが決まる。

第78話

「タテヨコナナメ」の人間関係を活かして、問題を素早く解決する

他部署や他工程の知り合いから、上手に知恵を借りる

トヨタ式をベースとする生産改革を進めるある企業の役員Aさんは、何か改革を進めようとする時は、あえて夜の交代時間にジーンズ姿で工場を訪ねるのを習慣にしていた。

ライン長たちの交代時間に工場をラフな格好で訪ねて、「今、こんなことを考えている」「こうしたいんだがどう思う」などと持ち掛けて話をすることで、やるべきかどうか、直すべき点はないか、などを確認しているという。

トヨタの考え方の1つに、「タテヨコナナメの人間関係を築け」というものがある。

トヨタには、たくさんの社内団体がある。職場グループだけでなく、職種グループや出身校グループ、県人会や趣味の会などたくさんある。歴史も古い。

1950年に倒産の危機を乗り切って以降、さまざまなグループが生まれ、今日に至っている。トヨタでは、これが意外と役に立つ。

たとえば、ある問題が起きて、いくつもの

他から知恵を借りるには境界線をなくせ

部署や工程などが関わっている時、他部署や他の工程に知り合いがいれば、気軽に相談したり知恵を借りることができる。

同じ部署の先輩や上司には相談しづらいことも、他部署の先輩になら相談できることもある。

何か改革を進めるにあたっては、公式ルートだけでなく、タテヨコナナメの人間関係を使って非公式に感触を探ってみる。

仕事は人と人の関係で進んでいくだけに、社内・社外とも、日ごろから人間関係を築く努力が欠かせない。

非公式な人間関係は、信頼と納得の基礎となっていく。

第79話 チームから人を抜く時は、一番できる人から抜け

残ったメンバーががんばるから、抜けた人の穴は埋まる

チームを率いるリーダーにとって、メンバーの人選はとても重要になる。

できるならすべて「できる人間」「使いやすい人間」で固めたいところだが、現実にはそうはいかない。

「経営学の父」ピーター・ドラッカーは、こう語っている。

「雇用関係は与件であって、メンバーは入れ替えられない」

ドラッカーによると、たとえばオーケストラの立て直しを頼まれた指揮者に許された人事は、せいぜい極端にダメな人をはずすくらいで、ごく一部を入れ替えたメンバーと共にオーケストラをより良いものに変えていくのが指揮者の務めとなる。

そのために、指揮者は各メンバーと緊密にコミュニケーションをとり、各パートの力量を高め、オーケストラ全体のレベルを上げていくことになる。

つまり、すぐれたリーダーとは、**与件のな**

一番を抜くと、二番手、三番手が育つ

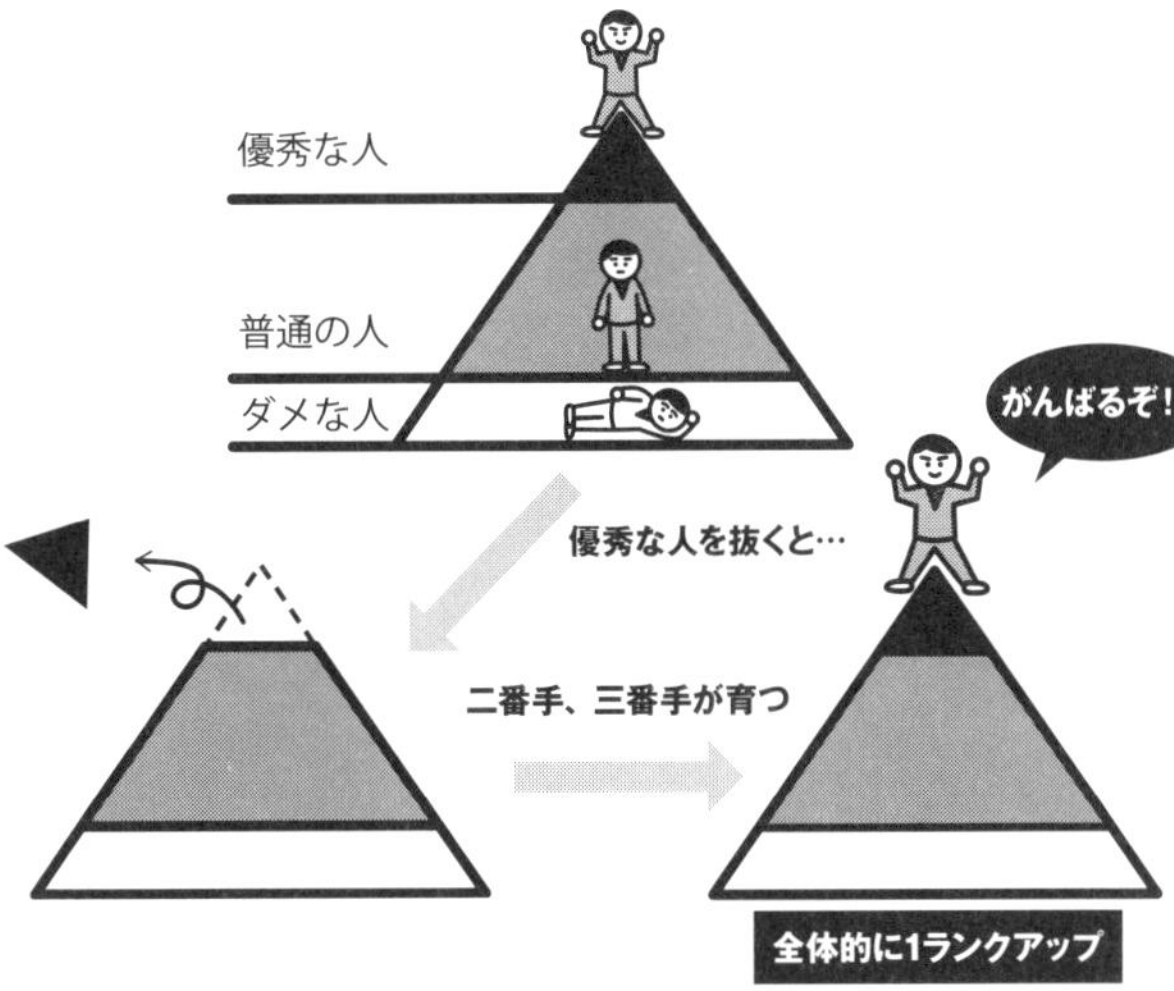

かでベストを尽くすことができる人のことを指すわけだが、トヨタ式はもう一歩踏み込んでこう考える。

「人を抜く時は、一番できる人を抜け」

たいていの場合、チームから誰か1人を抜くとなれば、ダメな人か扱いに困る人を抜こうと考えがちだ。しかし、トヨタは最もできる人から抜くという考え方をする。

理由は、**一番できる人を抜けば、たしかに最初は困る。しかし、残ったメンバーがその穴を埋めようと懸命にがんばり、その結果二番手、三番手の人たちが育つからだ。**

人の知恵は無限であり、人は育つことができる。そう信じるからこそ、リーダーは与件のなかでベストを尽くすことができる。

第80話 苦手な分野は、「3人寄れば文殊の知恵作戦」で乗り切れ

1人で全部やる必要はない。問題はみんなの知恵を借りて解決する

トヨタ式の根底には、「知恵はみんなにある」という考え方がある。

知恵を出すのは上司やひと握りのリーダー、スタッフではなく、みんなに知恵があり、みんなの知恵を引き出し、活用することこそがリーダーの役目だというのだ。

そのためにどうすればいいのかというと、「チリも積もれば山となる作戦」「3人寄れば文殊の知恵作戦」だ。

1人1人の小さなアイデアを集めて、現場で効果のあるアイデアにする。

3人なら、3人それぞれができることを集めて、効果的なアイデアを生み出すのだ。

改善提案には、主に3つのステップが必要になる。「問題に気づく」「改善策を考える」「改善策を形にして実行する」である。

これらを1人ですべてできる人はいいが、問題に気づくことが得意な人もいれば、改善策を考えるのが得意な人もいる、改善策を実行するのが得意な人もいるだろう。

みんなの知恵を活用しよう

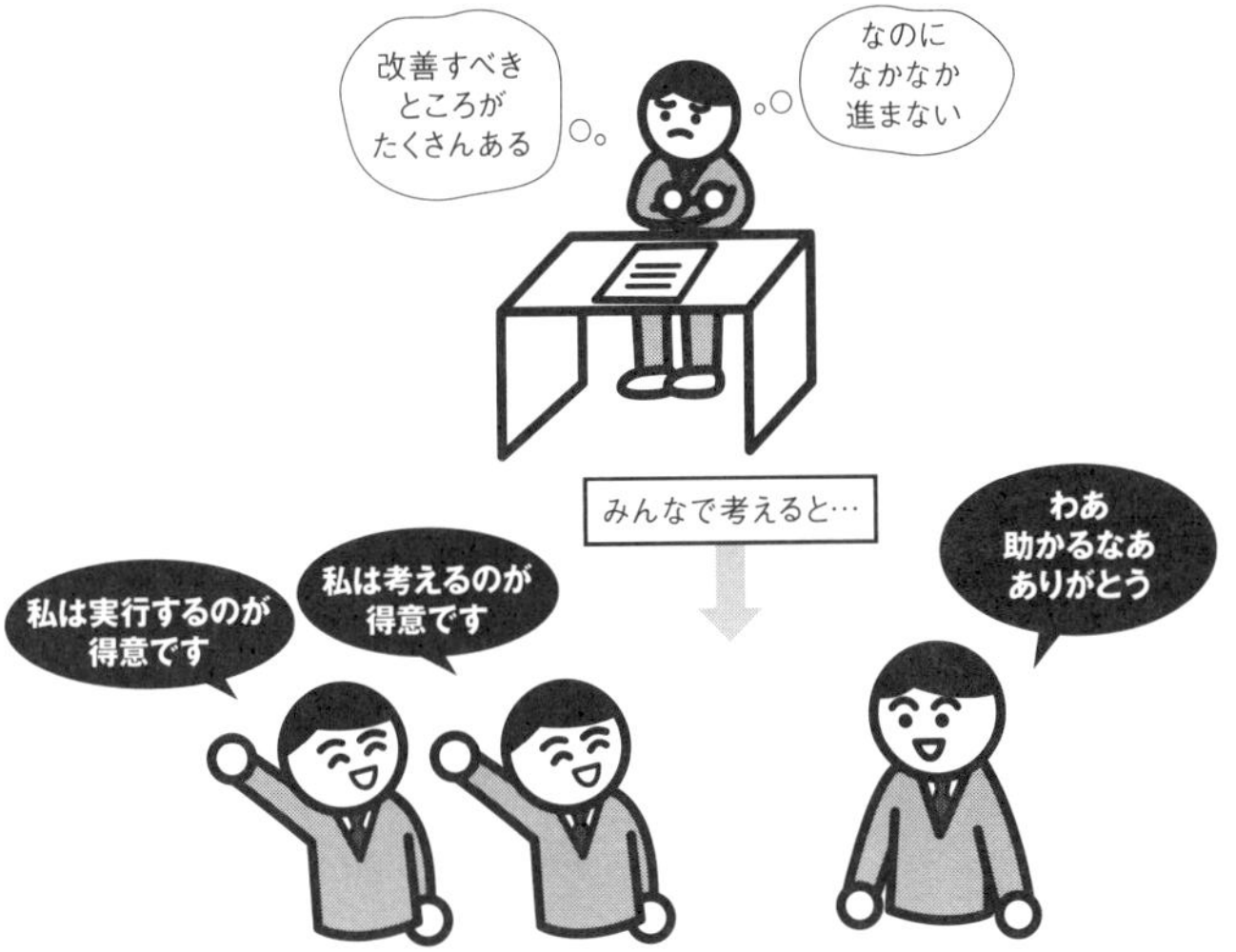

つまり、**1人で全部やる必要はなく、「気づく人」「考える人」「形にする人」が知恵を出し合って1つの改善提案をつくり、実行していけばいいのだ。**

「孤立した状態では能力が劣る人も、組織された社会では不足を補てんできる」は、心理学者アルフレッド・アドラーの言葉である。

誰にでも得手・不得手がある。だからこそ、良きパートナーや友人・仲間が必要だ。

そして互いに補い合える時にこそ、大きな成長や成功がもたらされることになる。

チームとは助け合い、補い合いながら成果を上げる場なのである。

第81話

人を「権限」や「権力」で動かそうとしない

大切なのは、根気強い説得と、みんなの理解と納得

あるトヨタの協力会社の1つが、トヨタ式をベースとする生産改革に乗り出すことにした時の話だ。

その際、改革のリーダー役を任されたのは、生産管理部のA課長だった。

A課長は、かつて数ヶ月にわたって大野耐一氏の指導を受けたことのある、同社きってのトヨタ式のエキスパートだった。しかし、いざ改革を進めようとすると、他の部署の協力が得られず思うように進まなかった。

そこでAさんが、会社のトップに、反対する部署を指導する権限を与えてくれないかとお願いしたところ、トップは「大野さんに相談してみろ」とアドバイスをした。

早速、Aさんは大野氏を訪ねて事情を話したところ、大野氏は2日間にわたってAさんにいくつもの工場を案内して回った。

そして最後に「感想は？」と聞かれたAさんは、「トヨタ式の基本からはずれたところが2、3ヶ所あるのになぜ大野さんは注意し

「ものづくり」は「人づくり」

ないのですか」と質問した。すると、大野氏はこう答えた。

「わしだって辛抱しているんだよ。仕事は権限や権力でやるもんじゃないよ。自分の職務権限をどんなに大きくしたって決していいものができるわけではないんだ。現場の人たちに対する理解と説得なんだ。ものづくりは人づくり。人の指導の仕方如何なんだ」

それを聞いたAさんは、以来、根気よく現場の人、他部署の人と話すことで改革を1つずつ成し遂げていった。少し時間はかかったものの、その改革はみんなの知恵がついた素晴らしいものになった。

人は権限や権力だけでは動かない。大切なのは、根気強い説得であり、みんなの理解と納得なのだ。

第82話

部下は3日で上司を見抜く

なのに、上司が部下を理解するには3年かかる

トヨタのマネジャーには、いくつもの資質が求められるが、そのなかに「人材活用力」と「人望」がある。

部下を活かし、部下を率いていくことのできる魅力のもち主であることが、トヨタのマネジャーには不可欠ということだ。

リーダーについてアップルの創業者スティーブ・ジョブズは、こんな言葉を遺している。

「多くの企業はすぐれた人材を抱えている。でも最終的には、**それを束ねる重力のようなものが必要になる**」

ジョブズはアップル創業で最初の成功を収めた後、憧れの企業ゼロックスのパロアルト研究所を訪問、そこでコンピュータの世界に革命を起こす数々の技術を目にした。

ところが、ゼロックスはこれらの素晴らしい技術を製品化できずにいた。

たくさんの優秀な人がいて、お金があっても、トップの人間に「見る目」がなければ、

部下の目を見くびるな

すべては宝のもち腐れとなる。

この時の経験からジョブズは、「重力」の大切さを理解したといわれている。

ある経営者が、こんなことを言っていた。

「上司が部下を理解するには3年かかるが、部下は上司を3日で見抜く」

チームがうまく機能しない時、部下の能力やチームのまとまりのなさに原因を求めていないだろうか？

見るべきは、リーダーとしての自分の資質であり、熱意のありようである。

部下は上司を3日で見抜く。

チームを率いるリーダーには、この覚悟が求められている。

『何かになりたい』という人は多いが、『何かをやりたい』という人は少ない

トヨタ自動車社長

豊田《とよだ》 章男《あきお》

(1956 〜)

喜一郎の孫である豊田章男の社長の就任は、トヨタがリーマンショックや世界的大規模リコールといった、いくつもの危機を迎えた 2009 年に行われている。普通なら御曹司の社長就任は、何事もない平穏な時期、順調な時期に行われるものだが、トヨタの場合は違った。「百年に一度」の経営危機のなかで就任させるという、あまりに異例なものだった。

「はたしてトヨタはこれからどうなるのか？」と、章男の経営手腕を不安視する向きもあったが、章男は次々と改革を断行、自ら米議会の公聴会に出席することで、アメリカで吹き荒れていた「トヨタバッシング」も見事に収めるなど、卓越した経営手腕を発揮している。

そして今、トヨタに限らず自動車業界は、自動運転や電動化など「百年に一度」の大変革期を迎えている。

トヨタといえども、ここで対応を誤れば「過去に繁栄した企業」になりかねない。勝ち残るために必要なのは、課長や部長など「何かになりたい人」ではなく、世界を変えるほどの「何かをやりたい」人だ。

しかも、それを凄まじい「スピード」で実行してこそ勝つことができる。激変期に求められるのは、いつだってすごいスピードで何かをやりたいと考え、行動した人だけなのである。

第8章

トヨタ式

すぐやる人になれる「成長力」

第83話

改善は、会社の業績が悪くなってからやるのではなくいい時にやる

危機に追い込まれてからでは遅い

改善に着手する時期は、大きく2つにわかれる。

1つは「このままでは会社が潰れる」といった危機的状況に追い込まれて行う時。もう1つは、経営は順調だが、「いずれダメになる」という将来の不安が背景にある時だ。

どちらの時期から取り組んでも改善に変わりはない。しかし、現実には危機に追い込まれてからできることは限られている。

大野耐一氏の口癖はこうだった。

「合理化は景気の良い時、儲かっている時にやる。貧乏してからでは首切り以外に手がなくなってくる。減量でも、本当に苦しくなってからでは、もう落とすべき贅肉もない」

建材メーカーのA社がトヨタ式をベースとする生産改革に着手したのは、会社が絶好調の時だった。A社トップは、このままのつくり方を続けていては、いずれ時代に取り残されると考え、大胆な改革に着手した。

当然、社内は猛反対だった。

改善は絶好調の時にこそやる

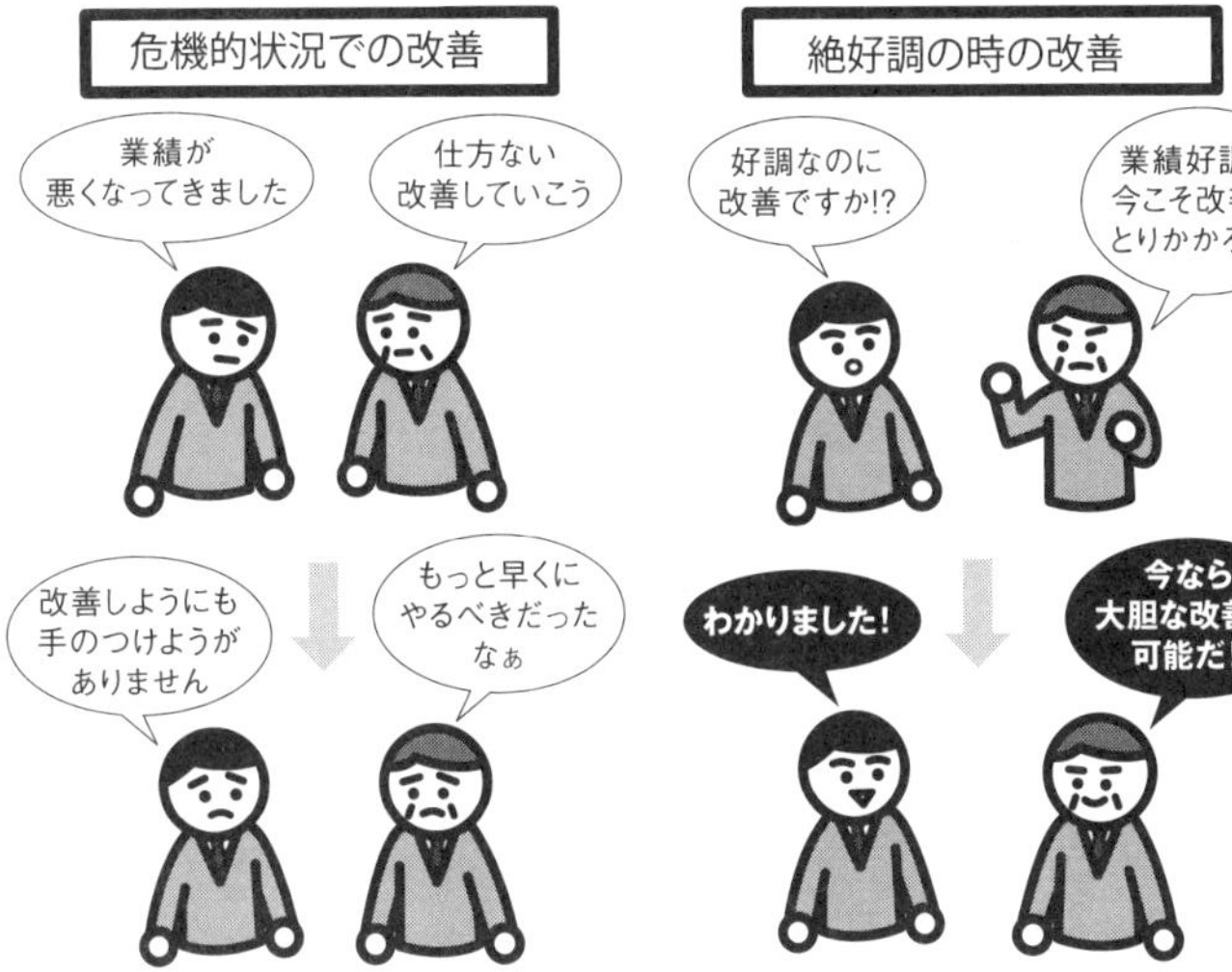
業績好調の今こそ改善にとりかかろう!

「同業他社は何もしていない。儲かっているのに、なぜ訳のわからない大変な改革をしなきゃあいけないんだ」の大合唱だった。

しかし、トップは「儲かっている今だからこそ挑戦できる」と先頭に立って改革に取り組んだ。

結果、同社のつくる力は同業他社をはるかに上回り、景気の低迷期に入っても順調に業績を伸ばすことができた。

順境の時、人は「今のままでいこう」と考えがちだが、**実は順境のなかにこそ逆境の芽が芽生えている。**

良い時、好調な時にこそ、「次」への備えを怠らない。それこそが勝ち続け、成長し続ける秘訣なのである。

第84話

「成功を繰り返さない」は、「失敗を繰り返さない」と同じくらい重要

成功した時こそ、さらなる変化に挑め

成功パターンが生まれると、私たちはついそれを踏襲したくなるが、勝ち続けるため、成長し続けるためには、成功パターンを踏襲しない勇気も必要になる。

オリンピック競泳平泳ぎで金メダルを獲った北島康介さんのコーチとして知られる平井伯昌《のりまさ》さん。

平井さんは、北島さんがオリンピックで金メダルを獲得した後も、そして世界新記録を出した後も、同じパターンを踏襲せず新しいことに挑戦し続けた。

その結果がアテネ・北京両オリンピックで2大会連続の2種目制覇だった。

同じ失敗を繰り返すのは愚の骨頂だが、それ以上に同じ成功を繰り返さないことがとても大切になる。

ビジネスマンも同じで、成功した後、いかに前例踏襲の罠に陥らないかが成長のポイントだ。

カイゼンの神様・大野耐一氏は、管理者の

成功パターンに頼ることなく挑戦し続けよう

あり方についてこんな話をしていた。

「去年はうまくいった、今年もうまくいったといった調子じゃ、何も進歩がない。前任者は５０人でやっていたが、自分は４０人でやった。あるいは去年は５０人必要だったが、今年は４５人にした。そういう仕事の測り方というのをやらんといかん」

成功したことを変えるのは、とても勇気がいることだ。失敗すれば「なんでうまくいっていたことを変えたんだ」と後悔することになる。しかし、同じ成功を続けていては、いずれ、もっと大きな後悔をすることになる。

成功した時こそ、さらなる変化を追い求める。同じ成功を繰り返すことなく、挑戦し続けてこそ勝ち続けることができるし、成長し続けることもできる。

第85話 調子のいい時こそ気を引き締め、「好況を切り抜ける」という発想をもつ

調子のよさにうまく乗りつつも、冷静さを失わない

「不況を切り抜ける」というのはよく言われることだが、トヨタ式がしばしば口にするのは、「好況を切り抜ける」だ。なぜだろうか。

1950年、トヨタの車は前年から続く不景気によって「つくれども売れず」という状態になり、資金繰りが急速に悪化した。

そこで銀行の支援を取りつけるために、創業者の豊田喜一郎（P62参照）は責任を取って辞職、2000人近い社員を解雇することで、倒産を回避することにした。

しかし、それからほんの数日後に朝鮮戦争が起こり、トヨタを初めとする日本企業はアメリカ軍などから大量注文を受け不況から一転、好況を迎えることとなった。朝鮮特需である。

この時、同業他社は新たに人を大量に雇うなどして増産の注文に応えたが、トヨタは少ない人数のまま増産に対応した。

当時の社長・石田退三氏（P90参照）は、「朝鮮特需といっても一時的なものである。

好調不調に一喜一憂しない

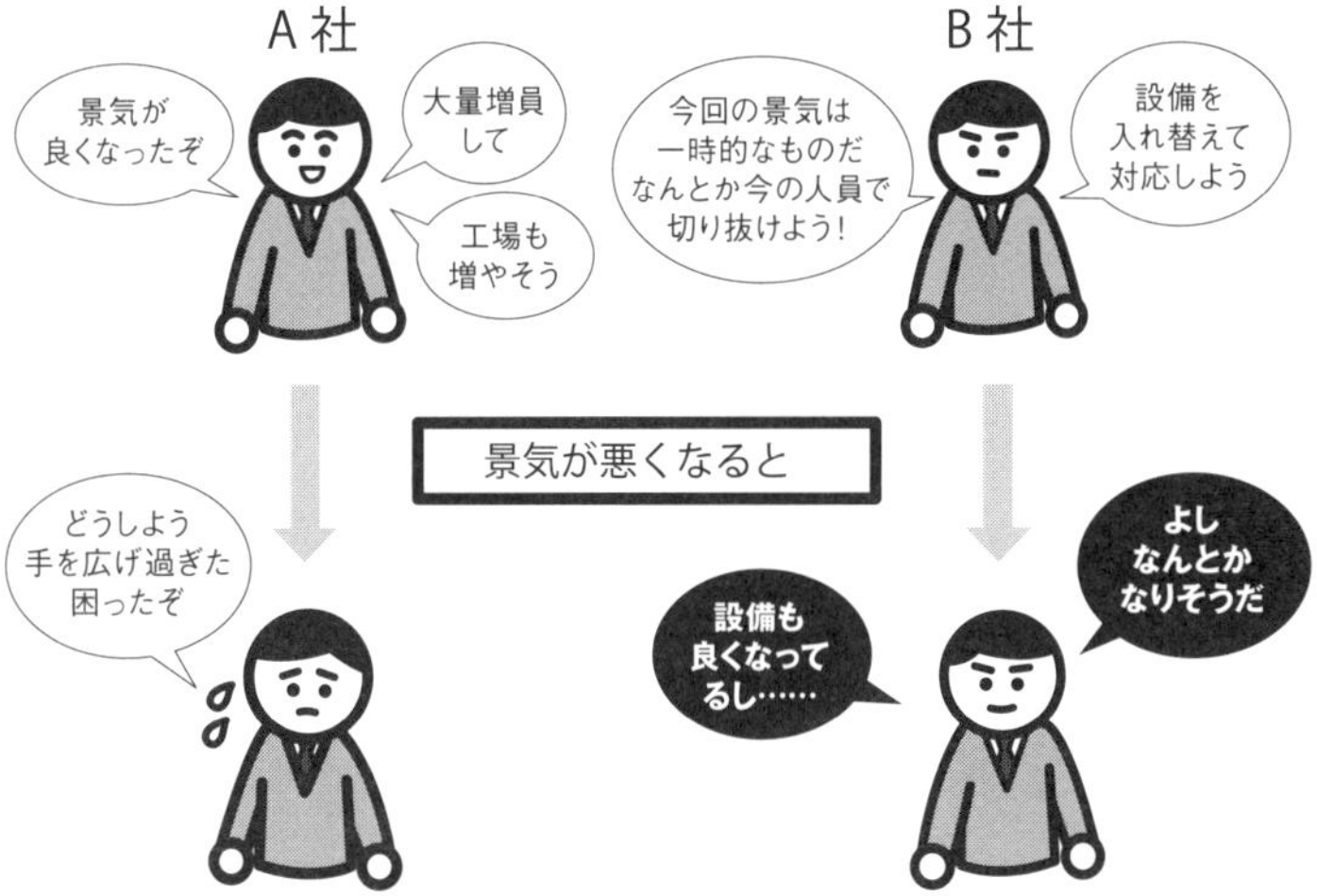

それよりも今いる人間で必死になって知恵を絞り、良い設備を入れ、増産に対応すれば特需が終わっても不況に苦しむことはない」と考えたのだ。

企業は好況の時にはやたらと人を増やし、事業を拡大する傾向がある。

ところが、一旦不況に陥ると、たくさんの負の遺産に苦しめられることになる。

そうならないために石田氏以降のトヨタの経営陣が大切にしたのが、**「好況を切り抜ける」という考え方だった。**

好況にあってこそ気を引き締め、さまざまな策を打つ。

好況に乗りつつも、どこかに冷静さをもつ人だけが、好不況に関わらず成長し続けることができるのである。

第86話

目標は、手に届く相手ではなく、世界最高の相手を選べ

「絶えざるベンチマーキング」で、常に成長し続ける

企業に限らず、個人でも成長し続けるためには目標が欠かせない。

目標があるからこそ、人は今の自分との差を知り、それに対して努力し成長する。

トヨタの場合は、まだ小さな自動車メーカーだった頃から、売上で数十倍の差があった世界一の自動車メーカー・GMを目標としていた。

もちろんGM相手だと、売上や販売台数で差があり過ぎ、目標になりにくい。

そこで掲げたのが「原価比較」だった。

車をつくるためには、数千点の部品が必要になる。その部品の原価をGMと比較して、差額をある種の「ムダ遣い」として帳簿に載せる。

そのうえで日々の改善によって1円、2円と原価を下げていく。

こうした地道な努力の積み重ねによって、トヨタはやがて原価でGMに追いつき、その後追い越して世界一となった。

高い目標に向かって地道に努力せよ

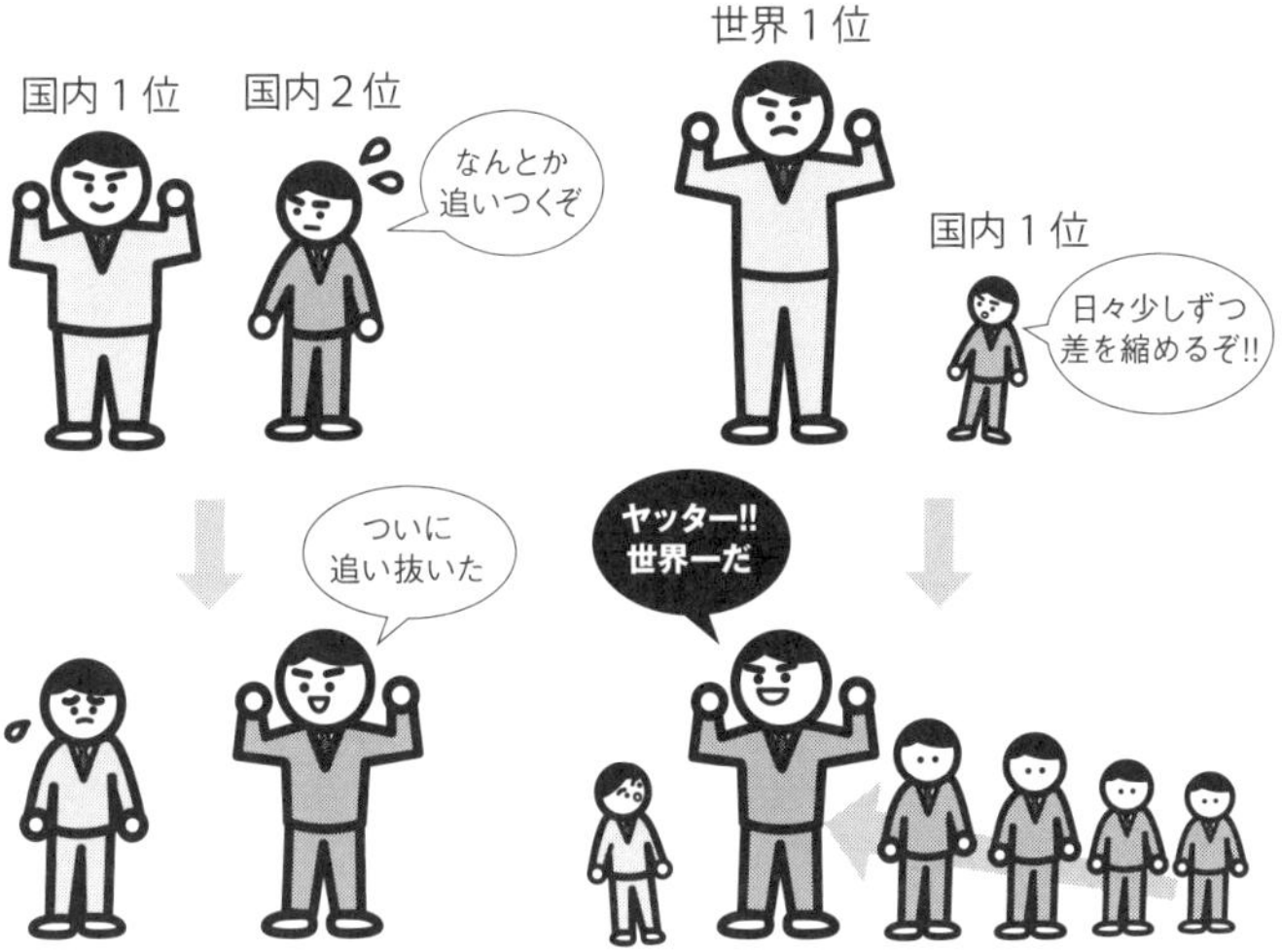

だからといって「これで良し」としないのが、トヨタだ。トヨタは、再び別のメーカーの数字を目標にさらなる改善に努めた。

これがトヨタの強さの源泉の１つ、「絶えざるベンチマーキング」だ。

目標に掲げるなら、最高の相手を選ぶ。

当面のライバル、少しがんばれば手の届きそうなライバルではなく、あえて世界一の相手を目標に選び、愚直に地道に徹底的に改善を続けることで、やがて相手を凌駕する。

世界に目を向ければいいもの、安いものはいくらでもある。しかし、常に高い目標を掲げ、目標を達成したらさらに高みを目指す。

成長し続けるためには目標を高く掲げ、足りないものを知り、地道にその差を埋める努力が欠かせない。

第87話

「小事」を疎かにする人に、「大事」は成せない

些細なこと、小さなことこそ工夫して丁寧にやる

「小事は大事」という言葉がある。

トヨタ式の基本も、**小さくても「異常があれば生産ラインをすぐに止める」である。**

そのうえで「なぜ異常が起きたのか？」という「真因」を調べて、二度と同じ異常が起きないように改善をする。

阪神淡路大震災や東日本大震災などの大きな災害の時にも、すぐに生産ラインを止めて、協力会社などの復旧を優先することで早期の生産開始につなげている。

なぜそんな素早い対応が可能かというと、日ごろの積み重ねがあるからだ。

トヨタ元社長の豊田英二氏が、阪神淡路大震災の時の対応についてこう話していた。

「台風や自動車事故でものが止まることはしょっちゅう起こり得ることだ。そういう時にどんな手を打つか。それはしょっちゅうやっている。だから、止める時もすぐ止められる。どう対応するかという練習を毎日やっているんだから」

小さな違和感を大切にする

ここで大切なのは、**異常の大小にかかわらずどんな小さな異常でも同じことをやるということだ。**

ちょっとした揺れや短時間の停電なら「大したことないからいいか」となりがちだが、その時でもやるべきことを当たり前のこととしてやるのがトヨタ式だ。

そんな小さなことを日々繰り返しているからこそ、大きな異常の時にもしっかりと対応できる。

日々の仕事にも同じことが言える。

「つまらない仕事だなあ」と感じたら、「小事は大事」を思い出すことだ。

日々の小さな積み重ねや経験があってこそ、大きな仕事を成し遂げることができるのである。

第88話

「原価知識」ではなく「原価意識」をもつ

知識は行動を通して知恵に変わる

企業がイノベーションを起こすためには、何が必要なのだろうか？

たとえばたくさんの資金があって、優秀な大学の卒業者が集まっていればイノベーションを起こせるのかというと、どうやらそうではないらしい。

かつてマイクロソフトが「ウインドウズ」によって世界を席巻、「敵なし」の状態にあった時、「あなたのライバルは？」と聞かれたビル・ゲイツが口にしたのは、「ガレージで新しい何かをつくろうとしている奴らだ」だった。

事実、その数年後にグーグルが誕生、マイクロソフトの牙城を崩すことになった。

なぜお金がたくさんあって、優秀な人がたくさんいる企業がイノベーションに失敗するのだろうか？　**理由の1つは、「知識」と「意識」の違いにある。**

たとえば、ムダを省いて原価を下げるには「原価知識」が必要だとたいていの人は考え

知識は行動してはじめて知恵に変わる

るが、「原価知識」よりも「原価意識」をもてと強調したのは大野耐一氏である。

「原価意識」とは、「大量に仕入れると安くなる」とか、「まとめてつくると単価は下がる」といった単純な知識ではなく、**経験によって身につけた「売れるものだけをいかに安くつくるか」といった考え方のことだ。**

何かをするうえでたしかに知識やお金は貴重だが、**それ以上に「改善しよう」「工夫をしよう」「より良いものをつくろう」という意識に支えられた行動こそが何より大切になる。**

知識は、行動を通して知恵に変わる。

改善や問題解決に必要なのは、知識を覚えることよりも、問題意識をもって日々の仕事に取り組むことである。

第89話

改善とは、結局、「小さなことの積み重ね」

「昨日より今日、今日より明日」を、ただひたすらに、愚直に、続ける

トヨタ式改善というのは、案外小さなことの積み重ねである。

たとえば原価を1円、2円と下げていくといった地味な取り組みのことだ。

しかし、日々の小さな改善に気がつけば案外とすごいところに行きつくことができる。

パナソニックの創業者・松下幸之助さんは1932年に社員に「松下精神」を披露、翌年から朝会と夕会で社員に自分の考えを話すようになっている。

最初は話に不慣れであり、聞いているほうも物足りなかったようだが、やがて松下さんは、日本中の経営者に感銘を与えるほどの話をするようになった。

それを可能にしたのは、松下さんの**「話の内容において、話し方において、1日1日必ず進歩を図り、もって諸君の向上の資となるべき話をしていくよう」努めた結果だった。**

改善にも同じことが言える。トヨタ式をベースとする生産改革を推し進めることでグ

ひと足飛びより小さな積み重ね

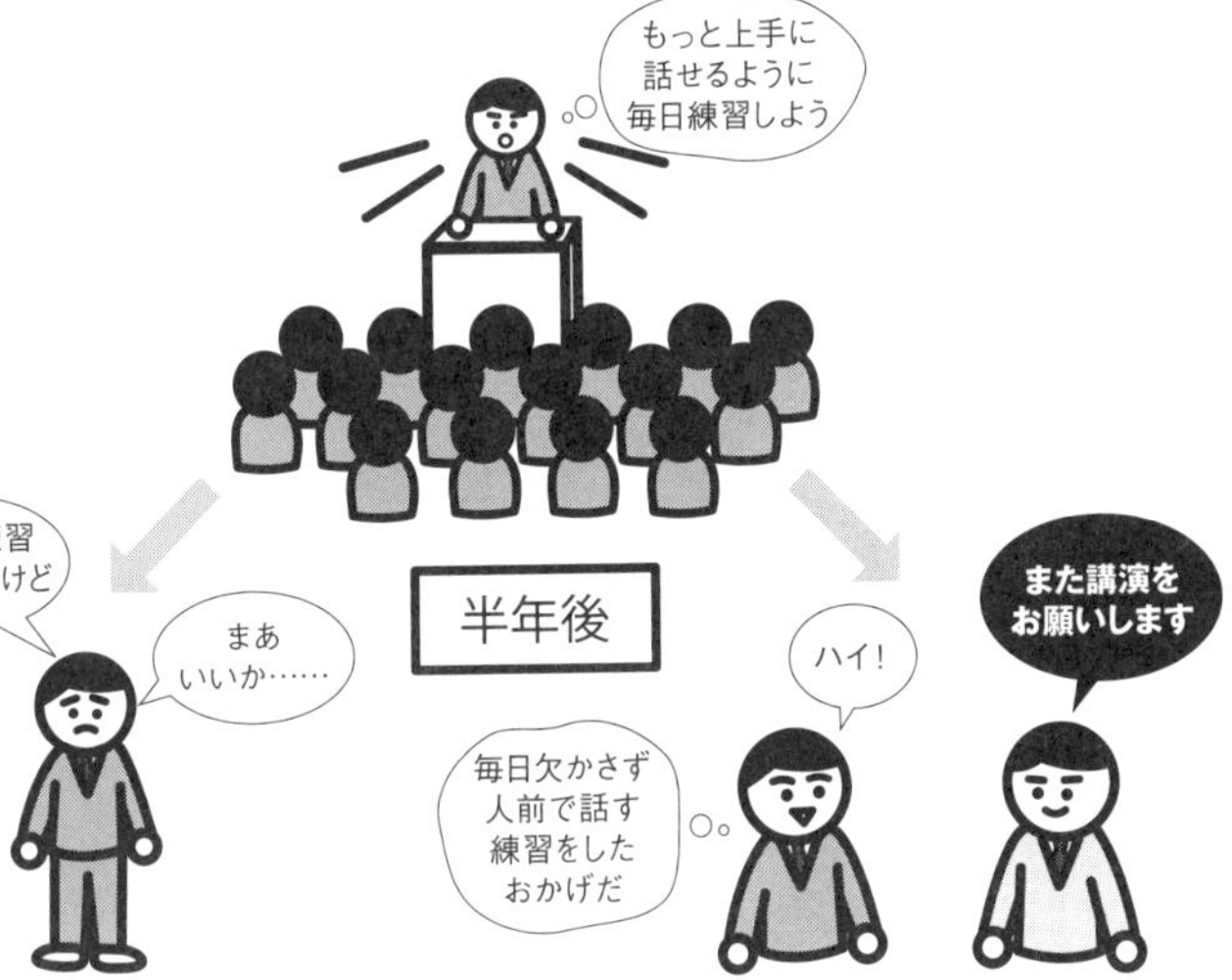

ループナンバーワンの品質を誇る工場へと育て上げた経営者によると、改善を始めた頃はそこまでの目標はなかったという。

赤字の工場を再建しようと小さな改善をコツコツ積み重ねるうちに、気づけば太陽光発電で、すべての電力を賄える省エネ工場となった。

彼が心がけていたのは、**「昨日より今日、今日より明日」と「日々改善、日々変化」をひたすらに続けることだった。**

誰しも一足飛びに成長できるわけではない。

それでも諦めることなく、「昨日より今日、今日より明日」と日々改善を続けることで、人も企業も遠くまで行くことができる。

第90話

「実行―失敗―挑戦」を高速回転で回す人が成功する

失敗に、クヨクヨしている暇はない

GAFA（Google・Amazon.com・Facebook・Apple）に代表される超巨大多国籍企業の特徴の1つが、圧倒的なスピードだ。

「こうしよう」というアイデアを思いつくとすぐに、試作品をつくってユーザーの反応を見ながらサービスを改善していく。

たとえば、アマゾンの創業者ジェフ・ベゾスはオンライン事業についてこう話している。

「オンライン事業の素晴らしい点の1つは、何か間違ったことをしていないか、どうやったらもっとうまくやれるかという疑問に対する答えを、顧客が教えてくれることです」

つまり、良い製品やサービスであればユーザーから大きな反響が得られるし、問題だらけのものだったら、たくさんの「ノー」の声が届くことになる。

この「ノー」を放置するととんでもないことになるが、その声にしっかり耳を傾けて次の手を打てば、反発が称賛に変わる。

成功する人は失敗してもクヨクヨしない

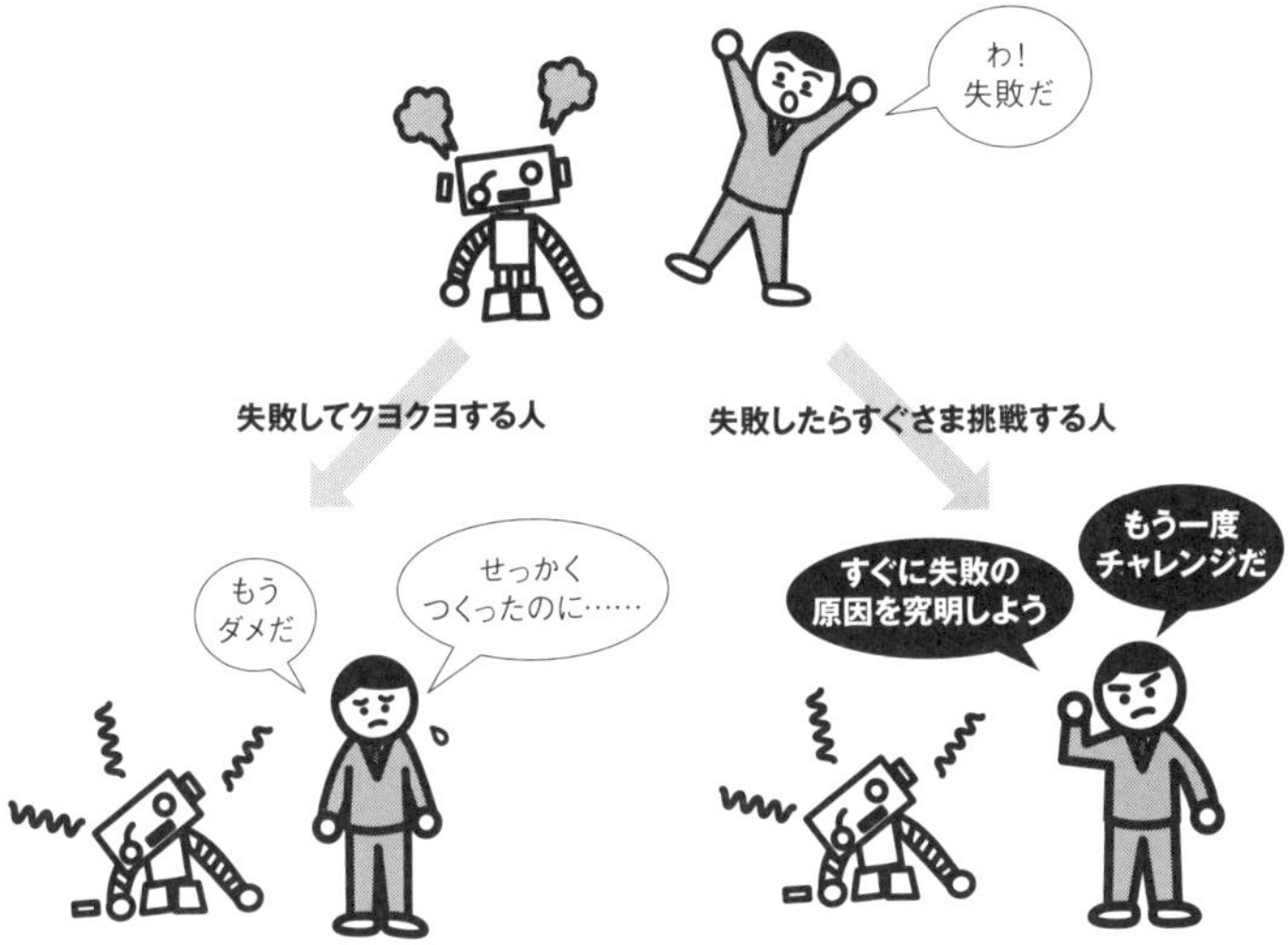

かつてホンダの創業者・本田宗一郎さんが「失敗したからといってクヨクヨしている暇はない」と言っていた。要は、**失敗したらすぐさま原因を究明して、改善を施し再び世に送り出すことだ。**

「失敗しないように」といって余計な時間をかけ過ぎたり、修正に手間取っているようだと、またたく間に他社に先を越されてしまう時代なのだ。

そのためにも、**「実行—失敗—挑戦」のサイクルを高速回転で進めるほかはない。**

はたしてあなたが働いている会社、あなた自身は、このサイクルをどのくらいのスピードで回しているだろうか？　そもそも失敗を恐れるあまり、サイクルさえ回していないようであれば、注意が必要だ。

第91話

ハードルは一気に高くしない。「少しずつ高くする」

少しずつ高くしていけばいつしか「問題を解決し成果を上げる人」になれる

企業が成長し、勝ち続けるために最も大切なものは何だろうか。

企業や業界が衰退へと向かう最初の兆しについて、ドラッカーはこう語っている。

「衰退を示す最初の兆候は、有能でやる気のある人間を惹きつけられなくなることである」

企業にとっての真の経営資源はいつだって「人」である。人を惹きつけられなくなったり、人を育てられなくなった企業や業界は、衰退の道を歩むことになる。

トヨタ式に、「ものづくりは人づくり」という言葉があるように、トヨタは何よりも「人づくり」を重視している。最初からすべての人ができる人である必要はない。

しかし、企業に入り、現場で経験を積むうちに、「知恵を出して働く人」となり、やがては「上司を凌駕する人材」となっていくように育てるのがトヨタ式だ。

そんなトヨタが大切にしているのが、**「ハー**

企業が成長するカギは「人づくり」

ドルは少しずつ高くする」だ。

トヨタ元社長の張富士夫氏（Ｐ１６４参照）が、こんなことを言っている。

「人を育てる場合、少しずつ目標を高くする。最初は『この工程を直せ』から、そのうち『この生産ラインを直せ』、さらに『この工場を直せ』、最後は『あの会社を黒字にしてこい』というように。一つひとつの問題点を解決しながら、ハードルが一つひとつ高くなっていくのです」

改善によって「知恵ある人」を育て、少しずつハードルを高くして「問題を解決し成果を上げる人」に育て上げる。

こうした「人づくりのサイクル」を回し続けることが、成長し勝ち続ける企業になるために、大切なことである。

著者略歴

桑原　晃弥（くわばら　てるや）

１９５６年、広島県生まれ。経済・経営ジャーナリスト。慶應義塾大学卒。業界紙記者などを経てフリージャーナリストとして独立。トヨタ式の普及で有名な若松義人氏の会社の顧問として、トヨタ式の実践現場や、大野耐一氏直系のトヨタマンを幅広く取材、トヨタ式の書籍やテキストなどの制作を主導した。一方でスティーブ・ジョブズやジェフ・ベゾスなどＩＴ企業の創業者や、本田宗一郎、松下幸之助など成功した起業家の研究をライフワークとし、人材育成から成功法まで鋭い発信を続けている。著書に『スティーブ・ジョブズ名語録』（ＰＨＰ研究所）、『スティーブ・ジョブズ結果に革命を起こす神のスピード仕事術』（笠倉出版社）、『ウォーレン・バフェット巨富を生み出す７つの法則』（朝日新聞出版）、『トヨタ式５Ｗ１Ｈ思考』（KADOKAWA）、『１分間アドラー』（ＳＢクリエイティブ）、『amazonの哲学』『トヨタはどう勝ち残るのか』（大和文庫）などがある。

編集・制作　越智秀樹・美保（OCHI企画）
カバーデザイン　池上幸一
本文デザイン　株式会社光雅（横田和巳）
イラスト　池上真澄

トヨタ式「すぐやる人」になれる８つのすごい！仕事術

2022年 2 月 4 日　第 9 版発行

著者　桑原晃弥
発行人　笠倉伸夫
編集人　新居美由紀
発行所　株式会社笠倉出版社
〒 110-8625
東京都台東区東上野 2-8-7　笠倉ビル
営業☎ 0120-984-164
編集☎ 0120-679-315

KASAKURA Publishing Co.,Ltd. 2019 Printed in Japan
ISBN978-4--7730-8946-2